Daniel Krasa und Noelia Melero

Spanisch
zum Mitreden

Sprachkurs für Anfänger

Buch mit Audios online

Hueber Verlag

Der kostenlose MP3-Download zum Buch ist unter **www.hueber.de/audioservice** erhältlich.
Informationen zur App finden Sie unter **www.hueber.de/einfach-digital**.

3. 2. 1. | Die letzten Ziffern
2023 22 21 20 19 | bezeichnen Zahl und Jahr des Druckes.
Alle Drucke dieser Auflage können, da unverändert,
nebeneinander benutzt werden.
1. Auflage
© 2019 Hueber Verlag GmbH & Co. KG, München, Deutschland
Umschlaggestaltung: Sieveking · Agentur für Kommunikation, München
Layout und Satz: Sieveking · Agentur für Kommunikation, München
Verlagsredaktion: Jürgen Frank, Hueber Verlag, München
Druck und Bindung: Passavia Druckservice GmbH & Co. KG, Passau
Printed in Germany
ISBN 978–3–19–549470–0

Art. 530_26188_001_01

Vorwort

Liebe Leserin, lieber Leser, liebe Spanienfans,

Sie sind Sprachanfänger und spielen mit dem Gedanken, in möglichst kurzer Zeit Spanisch zu lernen? Dann ist unser Sprachkurs *Spanisch zum Mitreden* genau das Richtige für Sie. *Spanisch zum Mitreden* bietet einen entspannten und unterhaltsamen Einstieg in die spanische Sprache und führt Sie zum Niveau A1 des „Gemeinsamen Europäischen Referenzrahmens für Sprachen". Dabei konzentrieren sich die Inhalte auf das, was Sie für die sprachliche Bewältigung der wichtigsten Situationen benötigen.

Die zwölf Lektionen haben einen klaren Aufbau und in den Übungen trainieren Sie die Redewendungen und den Wortschatz auf abwechslungsreiche Weise. Auf eine Vertiefung der Grammatik wurde bewusst verzichtet, Grammatikliebhaber können aber im Anhang in einer systematischen Grammatikübersicht die wichtigsten Strukturen und Regeln nachschlagen. *Spanisch zum Mitreden* vermittelt darüber hinaus interessante Einblicke in die spanische Alltagskultur.

Nach Lektion sechs und zwölf können Sie in zwei Tests Ihren Kenntnisstand über-prüfen. Im Anhang befinden sich zusätzlich zu dem Grammatiküberblick die Lösungen der Übungen sowie ein alphabetisches Wortschatzverzeichnis Spanisch – Deutsch.

Jede Lektion beginnt mit einer kurzen Übung, die in das jeweilige Thema einführt und Ihr Vorwissen aktivieren soll. Es folgen zwei Dialoge zu den wichtigsten Situationen. Die in den Dialogen vorkommenden Redewendungen und Satzmuster werden in der Rubrik „Worauf es ankommt" erläutert und in der Randspalte übersichtlich zum Lernen dargestellt. Zur Sicherheit bieten wir die deutsche Übersetzung sämtlicher Dialoge in den Lösungen im Anhang. Unter dem Motto „Ein bisschen Grammatik" werden einige für das Verständnis wichtige Grammatikstrukturen behandelt. Neben jeder Dialogseite finden Sie eine Übungsseite, wo Sie das soeben Gelernte selbst anwenden können. Geübt werden insbesondere Aussprache („Verständnis und Aussprache") und Hörverstehen („Hören und verstehen"). In der Rubrik „Das Wichtigste auf einen Blick" sind nochmals alle Redemittel der Lektion übersichtlich zum Lernen und Sichselbsttesten zusammen-gestellt. Abgeschlossen wird jede Lektion durch zwei informative Seiten zum Thema Landeskunde mit nützlichen Hintergrundinformationen und interessanten Porträts von einigen spanischen Städten und Regionen.

Unter **www.hueber.de/audioservice** können Sie die MP3-Dateien der Dialoge, Aussprache- und Hörverständnisübungen sowie die Rubrik „Das Wichtigste auf einen Blick" kostenlos herunterladen. Mithilfe der App können Sie die Sprachaufnahmen auch bequem per Handy oder Tablet anhören. Informationen zur App finden Sie unter **www.hueber.de/einfach-digital**. Die vertonten Texte sind im Buch jeweils mit dem Symbol gekennzeichnet. Die Zahl neben dem Symbol gibt den jeweiligen Track an.

Wir wünschen Ihnen viel Vergnügen und viel Erfolg!
Autoren und Verlag

Inhalt

Lerntipps

Im Folgenden geben wir Ihnen ein paar Tipps, wie Sie
mit **Spanisch zum Mitreden** am besten lernen.

- Überfordern Sie sich nicht, indem Sie zu viel Lernstoff auf einmal bearbeiten, lernen Sie lieber regelmäßig: 30 bis 40 Minuten reichen als tägliche Einheit.

- Hören Sie einen Dialog ein erstes Mal, ohne dabei den Text zu lesen und versuchen Sie zunächst, nur zu erfassen, um was es in dem jeweiligen Dialog geht. Hören Sie dann die Tonaufnahmen erneut und lesen Sie den Dialog im Buch mit. Wenn Sie alles verstanden haben und auch den spanischen Satzbau nachvollziehen können, hören Sie den Dialog ein weiteres Mal: zuerst mit dem Text vor Augen und dann erneut ohne.
  Gerade als Anfänger ist es normal, dass sich Ihre Ohren an die fremden Laute gewöhnen müssen. Deshalb hilft es, die Tonaufnahmen immer wieder zu hören, um sich mit den Lauten und der Betonung vertraut zu machen.

- In der Rubrik „Worauf es ankommt" und der Randspalte neben jedem Dialog lernen Sie das Vokabular eines Dialogs und wichtige Strukturen kennen. Falls Sie trotzdem Verständnisprobleme haben, finden Sie im Lösungsteil ab Seite 122 den entsprechenden Dialog auch in deutscher Übersetzung.

- Werden Sie aktiv und sprechen Sie alle Sätze eines Dialogs laut und deutlich nach. Zur Selbstkontrolle kann es nützlich sein, Ihre eigene Stimme – z. B. mit dem Smartphone – aufzunehmen und sich anzuhören. Aber setzen Sie sich nicht unter Druck!

- Beim Bearbeiten der Übungen ist es wichtig, dass Sie zuerst versuchen, jede Übung alleine zu meistern, ohne dabei in den Lösungen nachzusehen.

- Um die neuen Wörter und Wendungen zu lernen, können Sie sich ein Vokabelheft oder Karteikarten erstellen. Wichtig ist, dass Sie einzelne Wörter nicht alleine, sondern im Kontext – z. B. in einem Satz – lernen, denn dann prägt sich Ihnen der Begriff besser ein.

- Als zusätzliche Übung können Sie solche Anwendungsbeispiele im Wortschatzverzeichnis auf die Linie neben jeden Eintrag schreiben. Auch Eselsbrücken oder andere Hinweise wie „falsche Freunde" (also ähnlich klingende Wörter, die aber im Deutschen eine andere Bedeutung haben) können Sie hier eintragen.

- Gehen Sie erst zur nächsten Lektion weiter, wenn Ihnen die Inhalte der aktuellen Lektion keine Schwierigkeiten mehr bereiten.

Erster Kontakt –
Primer contacto

Schon längst bekannt, nicht wahr?

So ein bisschen Spanisch kann doch jeder. Sicherlich haben Sie die eine oder andere der folgenden Floskeln schon mal gehört. Können Sie ihnen jeweils die richtige deutsche Übersetzung zuordnen?

1. Buenos días.
2. Adiós.
3. Hola.
4. ¿Cómo estás?
5. Gracias.

a. Wie geht es dir?
b. Hallo
c. Danke.
d. Auf Wiedersehen.
e. Guten Morgen.

Was Sie in dieser Lektion lernen:
• wie man jemanden begrüßt und sich verabschiedet.
• wie man jemanden nach dem Befinden fragt.
• wie man jemanden vorstellt.
• wie man jemanden willkommen heißt.

Weltsprache *español*

Spanisch ist Muttersprache von rund 450 Millionen Menschen. Es ist Amtssprache in Spanien, Argentinien, Äquatorialguinea, Bolivien, Chile, Costa Rica, Dominikanische Republik, Ecuador, El Salvador, Guatemala, Honduras, Kolumbien, Kuba, Mexiko, Nicaragua, Panama, Paraguay, Peru, Puerto Rico, Uruguay und Venezuela.

Herr & Frau

señora
Frau …, meine Dame

señor
Herr …, mein Herr

Das werte Befinden

¿Cómo está? / ¿Cómo estás?
Wie geht's?

¿Cómo está usted?
Wie geht es Ihnen?

(Estoy) bien.
(Mir geht es) gut.

Muy bien.
Sehr gut.

También (estoy) bien.
(Mir geht es) auch gut.

(No) estoy mal.
(Nicht) schlecht.

Regular.
Es geht so.

Más o menos.
So lala. / Einigermaßen.

Jemanden vorstellen

Le presento a …
Ich stelle Ihnen … vor.

mi esposa/mi mujer
meine (Ehe-)Frau

mi marido
meinen (Ehe-)Mann

mi novio
meinen (festen) Freund

mi novia
meine (feste) Freundin

Aussprache

g vor a, o und u wie g in „Gans"
g vor e und i wie ch in „Bach"
c vor a, o und u wie k in „Kopf"
c vor e und i wie das englische th
in „thing", in Südspanien, auf den
Kanaren und in Lateinamerika
wie s in „dass"

Buenos días. ¿Cómo está usted?

Hören Sie sich den folgenden Dialog an. 1

- Buenos días, señor García.
- Buenos días, señora Domínguez.
- ¿Cómo está usted?
- Muy bien, gracias. ¿Y usted?
- Estoy bien, gracias. Le presento a mi marido Jorge.
- ▲ Un placer.
- Les presento a mi esposa Marta.
- ◆ Encantada.
- Aquí está nuestro tren. Hasta pronto, señores.
- Adiós y buen viaje.

Worauf es ankommt

Begrüßung
Morgens (bis ca. 12 Uhr): buenos días *(guten Morgen/guten Tag)*. Nachmittags und abends (ab ca. 12 Uhr bis zum Sonnenuntergang): buenas tardes *(guten Tag/ guten Abend)*. Nachts: buenas noches *(gute Nacht)*.

Verabschiedung
Förmlich: adiós *(auf Wiedersehen)* oder etwas lockerer: hasta pronto *(bis bald)* oder hasta luego *(bis dann)*. Zusätzlich: Wünsche wie buen viaje *(gute Reise)* oder buen día *(einen schönen Tag)*.

Sehr erfreut!
Lernt man jemanden kennen, sagt man un placer, mucho gusto oder encantado/encantada *(alle: sehr erfreut/angenehm)*.
Bei der zweiten Variante sagt der Mann encantado und die Frau encantada.

Ein bisschen Grammatik

Man unterscheidet im Spanischen männliche und weibliche Haupt-wörter. Die bestimmten Artikel heißen el für männliche und la für weibliche Hauptwörter.

el marido	der Ehemann
el señor	der Herr
la señora	die Dame
la esposa	die Ehefrau

Bitte beachten Sie: Vor Fragen und Ausrufen/Befehlen steht im Spanischen zusätzlich ein umgekehrtes Frage- bzw. Ausrufezeichen!

Übungen

1 Verständnis und Aussprache

Verstehen Sie die folgenden Wörter und Sätze? 2
Dann sprechen Sie sie bitte nach!

1. Buenos días.
2. ¿Cómo está usted?
3. Bien, gracias.
4. ¿Y usted?
5. Encantado.
6. Adiós.

2 Welche Antwort passt?

Hier macht nur eine Antwort Sinn. Wissen Sie, welche?

1. Buenas tardes
   a. Buenas tardes.
   b. Gracias, ¿y usted?

2. ¿Cómo está usted?
   a. Un placer.
   b. Muy bien, gracias.

3. Le presento a mi esposa.
   a. Adiós.
   b. Encantado.

4. ¿Cómo está?
   a. Regular.
   b. Buen viaje.

3 Hören und verstehen

Hören Sie sich aufmerksam den Text an 3
und beantworten Sie die Fragen.

1. ¿Cómo está María?
   a. Está bien.
   b. Está muy bien.

2. ¿Cómo está Enrique?
   a. No está mal.
   b. No está bien.

3. ¿Cómo está el señor Luis?
   a. Está regular.
   b. No está mal.

4. ¿Cómo está la señora Tur?
   a. Está más o menos.
   b. Está bien.

4 Was passt zueinander?

Finden Sie die deutsche Entsprechung jedes spanischen Satzes?

1. Buenos días.
2. Adiós.
3. No estoy mal.
4. Bien, gracias.
5. Mucho gusto.

a. Es geht mir nicht schlecht.
b. Gut, danke.
c. Sehr erfreut.
d. Auf Wiedersehen.
e. Guten Morgen.

Wie geht's?
¿Qué tal?
Wie geht es dir denn so?

¿Cómo estás?
Wie geht es dir?

Was man halt so ist …
Estoy …
Ich bin …

ocupado/ocupada
beschäftigt

cansado/cansada
müde

enfermo/enferma
krank

Mitleid
¡Pobre!
Armer (Teufel)!

Sorry!
lo siento
es tut mir leid

Jemanden vorstellen
Te presento a …
Ich stelle dir … vor.

mi amigo
meinen Freund

mi amiga
meine Freundin

mi compañero
meinen Lebenspartner

mi compañera
meine Lebenspartnerin

mi colega
meinen Kollegen/meine Kollegin

mi hermano / mi primo
meinen Bruder / meinen Cousin

mi hermana / mi prima
meine Schwester / meine Cousine

Él/Ella se llama …
Er/Sie heißt …

Hola, ¿cómo estás?

Hören Sie sich den folgenden Dialog an. 4

- ● Hola, Raquel, ¿cómo estás?
- ■ ¡Hola, Antonio! Estoy bien, ¿y tú, qué tal?
- ● Bueno, regular. Estoy muy cansado hoy.
- ■ ¡Pobre!, lo siento. Mira, este es Carlos, un amigo.
- ● Hola, Carlos.
- ▲ Hola, Antonio.
- ● ¿Y tu amiga?
- ■ No es mi amiga, es mi prima. Se llama Ana.
- ● Bienvenida a Barcelona, Ana.
- ◆ ¡Gracias!

Worauf es ankommt

Begrüßung & Verabschiedung unter Freunden
Begrüßung: hola *(hallo)* oder buenas *(grüß dich/grüß euch)*. Verabschiedung:
nos vemos *(man sieht sich)* oder hasta la próxima *(bis zum nächsten Mal)*.

Willkommen
Zu einem Mann: bienvenido. Zu einer Frau: bienvenida.
Zu mehreren Männern oder gemischten Gruppen: bienvenidos.
Zu einer Gruppe von Frauen: bienvenidas.

Ein bisschen Grammatik

Verben in der 1. Person Einzahl enden in der Gegenwart meistens auf *-o*,
in der 2. Person auf *-s*, für die 3. Person gibt es verschiedene Endungen.

(yo) presento	ich stelle vor
(tú) eres	du bist
(tú) estás	du bist/befindest dich
(él/ella) es	er/sie ist
(él/ella) está	er/sie ist/befindet sich
usted es	Sie sind
usted está	Sie sind/befinden sich

Ausnahmen:

(yo) soy	ich bin
(yo) estoy	ich bin/befinde mich

Übungen

1 Verständnis und Aussprache

Verstehen Sie diese Wörter und Sätze? 5
Dann sprechen Sie sie bitte nach!

1. Hola.
2. ¿Cómo estás?
3. No estoy muy bien.
4. ¿Y tú, qué tal?
5. Estoy muy cansado hoy.
6. Nos vemos.

2 Neue Bekannte

Stellen Sie die angegebenen Personen nach dem Muster vor.

Hola, **Ana.** Te presento a mi **amiga**.

1. Ana - amiga
2. Esteban - compañero
3. Raquel - hermana
4. Antonio - primo
5. María - colega

3 Willkommen heißen

Welche Form von bienvenido passt zur Begrüßung für diese
Personen? Bitte verbinden Sie die Satzteile – doch Vorsicht,
denn in einigen Fällen gibt es mehrere Möglichkeiten.

1. Sebastián,
2. María del Carmen,
3. Cristina y Rodolfo,
4. Carlos y Enrique,
5. Ana y Marta,
6. Pablo, Juan y Raquel,

a. bienvenida a Madrid.
b. bienvenidos a Barcelona.
c. bienvenidas a Sevilla.
d. bienvenidos a Granada.
e. bienvenido a Valencia.
f. bienvenidos a Ibiza.

4 Was passt zueinander?

Finden Sie die deutsche Entsprechung jedes spanischen Satzes?

1. Hola.
2. ¿Cómo estás?
3. ¡Lo siento!
4. No estoy bien.
5. Estoy muy enferma.
6. Él se llama Carlos.

a. Wie geht es dir?
b. Er heißt Carlos.
c. Hallo.
d. Es geht mir nicht gut.
e. Ich bin sehr krank.
f. Das tut mir leid!

Das Wichtigste auf einen Blick

Freunde & Verwandte 6

esposa/mujer
Ehefrau

marido
Ehemann

prometida
Verlobte

prometido
Verlobter

compañera
Lebenspartnerin/-gefährtin

compañero
Lebenspartner/-gefährte

novia
feste Freundin

novio
fester Freund

amiga
Freundin

amigo
Freund

hermana
Schwester

hermano
Bruder

Begrüßung

buenos días	guten Morgen/guten Tag
buenas tardes	guten Tag/guten Abend
buenas noches	guten Abend/gute Nacht
hola	hallo
buenas	grüß dich/euch

Verabschiedung

adiós	auf Wiedersehen
hasta pronto	bis bald
hasta luego	bis dann
nos vemos	man sieht sich
hasta la próxima	bis zum nächsten Mal

Wünsche

buen viaje	gute Reise
buen día	einen schönen Tag
buena suerte	viel Glück

Sehr erfreut!

ein Mann sagt: encantado *eine Frau sagt:* encantada	sehr erfreut
un placer/mucho gusto	angenehm

Befinden

¿Cómo está?	Wie geht's?
¿Cómo está (usted)?	Wie geht es Ihnen?
¿Cómo estás?	Wie geht es dir?
(Estoy) bien.	(Mir geht es) gut.
(Estoy) muy bien.	(Mir geht es) sehr gut.
También estoy bien.	Mir geht es auch gut.
No estoy mal.	Nicht schlecht.
Regular.	Es geht so.
Más o menos.	So lala. / Einigermaßen.
No estoy bien.	Mir geht es nicht gut.
No estoy muy bien.	Mir geht es nicht besonders gut.

Vorstellung

Le presento a …	Ich stelle Ihnen … vor.
Te presento a …	Ich stelle dir … vor.
¿Quién es (él)?	Wer ist er?
¿Quién es (ella)?	Wer ist sie?

Du und Sie

1

¿Vosotros sabíais?*

In Spanien duzt *(tutearse)* man sich in der Regel viel häufiger und früher als hierzulande. Gesiezt *(tratar de usted)* werden v. a. Unbekannte und ältere Personen, selbst wenn diese im Gegenzug ihren Gesprächspartner duzen. Wer sein Gegenüber siezt, sollte ihn oder sie am besten mit dem Nachnamen anreden. Man stellt diesem ein *señora …* (Frau …) oder *señor …* (Herr …) voran. Kennt man den Nachnamen nicht, so kann man auch einfach nur *señora* (meine Dame) oder *señor* (mein Herr) sagen, wobei dies weit weniger antiquiert klingt als im Deutschen. Die Anrede *señorita* (Fräulein) für junge Frauen kann man immer noch hier und da hören, wenn es auch langsam aus der Sprache der jungen Generation verschwindet. Und wie verhält es sich mit Titeln? Nun, diese sind – im Unterschied zu unseren Breitengraden – in der Anrede weitestgehend unwichtig. Namenszusätze wie *Dr. (doctor)*, *Dra. (doctora)* oder *Lic. (licenciado/-a* = Magister, Master) verwendet man meist nur bei offiziellen Empfängen, Konferenzen oder auf der Visitenkarte.

* Wusstet ihr?

Begrüßungszeremonien

Unter Unbekannten ist es auch in Spanien üblich, sich die Hände zu schütteln *(dar la mano)*. Unter Bekannten, Verwandten und Freunden gibt man sich einen angedeuteten Wangenkuss – meist einmal rechts und einmal links –, wobei sich die Wangen berühren und man in Richtung Ohr „in die Luft" küsst. Dieser sogenannte *beso* ist zwischen Männern und Frauen sowie Frauen und Frauen üblich; Männer „küssen" Männer nicht immer in Spanien.

Auf nach Spanien

Para empezar – Vorneweg

Glückwunsch! Sie haben die erste Lektion dieses Kurses erfolgreich gemeistert und befinden sich auf dem besten Weg, bald auch sprachlich fit für einen Aufenthalt in *España* zu sein. Egal, ob Sie die Iberische Halbinsel als Bade- oder Kulturtourist besuchen, mit spanischen Grundkenntnissen werden Sie überall zwischen Gerona und Huelva offene Türen einrennen. In ganz Spanien bieten sich zahllose Möglichkeiten, eine wirklich unvergessliche Zeit zu verbringen, ob zum Entspannen, als Aktivurlaub, der Gastronomie wegen oder dank der einzigartigen Kultur.

Touristische Highlights sind neben Städten wie Madrid, Barcelona, Sevilla oder Santiago de Compostela die Küstenregionen Kataloniens, Valencias und Andalusiens, die Balearen im Mittelmeer und die Kanarischen Inseln im Atlantik. Aber auch der Gebirgszug der Pyrenäen, die wilde Nordküste und das zentrale Hochplateau – *meseta* genannt – laden zu einem Traumurlaub ein. Nun, wo auch immer Sie in Spanien auf Erkundungstour gehen mögen, mit dem Nötigsten an Spanisch „im Gepäck" wird jeder Aufenthalt sicherlich ein voller Erfolg!

Sich kennenlernen – Conocerse

Nicht immer ganz leicht!

Viele unserer Städte haben eigene spanische Namen. Können Sie jedem spanischen Namen seine deutsche Entsprechung zuordnen?

1. Hamburgo
2. Aquisgrán
3. Colonia
4. Múnich
5. Maguncia
6. Núremberg
7. Viena
8. Zúrich

a. Zürich
b. Mainz
c. Wien
d. Nürnberg
e. Aachen
f. Köln
g. Hamburg
h. München

Wichtige Ländernamen
Alemania (Deutschland), **Austria** (Österreich), **Francia** (Frankreich), **Grecia** (Griechenland), **Inglaterra** (England), **Italia** (Italien), **Holanda** (Holland), **Polonia** (Polen), **Portugal** (Portugal), **España** (Spanien), **Suiza** (Schweiz), **Turquía** (Türkei)

Welche Nationalität?

¿Usted es español/a?
Sind Sie Spanier/in?

¿Eres español/a?
Bist du Spanier/in?

¿(Usted,) de dónde es?
Woher sind Sie?

¿(Tú,) de dónde eres?
Woher bist du?

(No,) soy ...
(Nein,) ich bin ...

alemán/alemana
Deutscher/Deutsche

austriaco/-a
Österreicher/in

suizo/-a
Schweizer/in

Vengo de ...
Ich komme aus ...

Soy de ...
Ich bin aus ...

Vivo en ...
Ich wohne in ...

Arbeit

Trabajo en ...
Ich arbeite in/bei ...

un banco
einer Bank

una oficina
einem Büro

una compañía de seguros
einer Versicherung

una tienda
einem Geschäft

un supermercado
einem Supermarkt

Aussprache
ñ wie nj in „Anja"
j wie ch in „Bach"

Soy alemán. Y usted, ¿de dónde es?

Hören Sie sich den folgenden Dialog an. 7

- Disculpe, ¿está libre?
- Sí.
- Gracias.
- Perdone, usted no es español, ¿verdad?
- No, soy alemán. Y usted, ¿de dónde es?
- Yo soy española, de Málaga, pero ahora trabajo aquí en Madrid.
- Málaga, ¡qué ciudad tan bonita!
- Y usted, ¿de qué ciudad de Alemania es?
- Soy de Berlín.
- ¿Está en Madrid para hacer turismo?
- No, vivo aquí. Mi mujer es española.
- ¡Ah! ¡Qué suerte!

Worauf es ankommt

Höflichkeitsfloskeln
Perdone *(verzeihen Sie)*, disculpe *(Entschuldigung)*, gracias *(danke)* oder muchas gracias *(vielen Dank)*. Darauf antwortet man: de nada *(bitte sehr, keine Ursache)*.

Herkunft
Soy ... *(Ich bin ...)* alemán *(Deutscher)*, italiano *(Italiener)*, inglés *(Engländer)*, francés *(Franzose)*, español *(Spanier)*, polaco *(Pole)*, portugués *(Portugiese)*, turco *(Türke)*. Aber auch: Soy de ... *(Ich bin aus ...)* Madrid, Barcelona, Sevilla usw.

Welchen Beruf?
Man fragt: ¿En qué trabaja usted? *(Was arbeiten Sie?)* bzw. ¿En qué trabajas? *(Was arbeitest du?)*. Alternativ hört man: ¿Cuál es su/tu profesión? *(Was sind Sie/ bist du von Beruf?)* Wichtig ist auch die Frage: ¿Dónde trabaja usted? *(Wo arbeiten Sie?)* bzw. ¿Dónde trabajas? *(Wo arbeitest du?)*

Ein bisschen Grammatik

Männliche Haupt- und Eigenschaftswörter, die auf -o oder einen Konsonanten enden, können weiblich werden, wenn man -o durch -a ersetzt bzw. ein -a anhängt:

alemán *(Deutscher)* → alemana *(Deutsche)*, italiano *(Italiener)* → italiana *(Italienerin)*, español *(Spanier)* → española *(Spanierin)*, polaco *(Pole)* → polaca *(Polin)* usw.

Übungen

1 Verständnis und Aussprache

Sicher verstehen Sie die folgenden Sätze. Na dann bitte mal nachsprechen! 8

1. Perdone, ¿está libre?
2. Mi marido es de Berlín, y usted, ¿de dónde es?
3. Trabajo en un banco. Y usted, ¿dónde trabaja?
4. ¿Está usted aquí para hacer turismo?
5. Y usted, ¿de qué ciudad de España es?
6. No vivo aquí, vivo en Málaga.

2 Bitte ordnen Sie

In dieser Übung sind die Sätze eines Dialogs durcheinandergeraten. ▶ 9
Können Sie sie so ordnen, dass sie wieder einen Sinn ergeben? Zur
Kontrolle hören Sie sich den Dialog an.

__ ¡Qué ciudad tan bonita! ¿Y en qué trabaja?
__ No, soy alemán. Pero vivo en Barcelona.
__ Adiós y buen viaje.
__ Trabajo en un banco, ¿y usted?
_1_ Perdone. Usted no es español, ¿verdad?
__ No trabajo. Estoy aquí para hacer turismo.

3 Passende Formulierungen

Finden Sie auf der vorherigen Seite die passenden
Formulierungen für folgende Gesprächssituationen.

1. fragen, ob der Sitzplatz frei ist
2. jemanden nach seiner Herkunft fragen
3. sagen, dass man in der Stadt ... wohnt
4. sagen, dass man in einem Büro arbeitet
5. sagen, dass man in einer Bank arbeitet
6. sagen, dass der Ehemann Spanier ist

4 Was passt zueinander?

Welche Nationalität haben folgende Personen?
Können Sie immer einer Person eine Nationalität zuordnen?

1. DJ Ötzi
2. Jean Reno
3. Monica Bellucci
4. Fernando Alonso
5. Heidi Klum
6. Roger Federer

a. es español.
b. es francés.
c. es austriaco.
d. es italiana.
e. es suizo.
f. es alemana.

> **Nationalitäten**
> **alemán/alemana** (Deutsche/r),
> **austriaco/-a** (Österreicher/in), **suizo/-a**
> (Schweizer/in), **italiano/-a** (Italiener/in),
> **inglés/inglesa** (Engländer/in),
> **francés/francesa** (Franzose/Französin),
> **español/a** (Spanier/in), **polaco/-a**
> (Pole/Polin), **turco/-a** (Türke/Türkin)

Wie ist der werte Name?

Me llamo …
Ich heiße …

… ¿y usted/tú?
… und Sie/du?

¿Cómo se llama su marido/esposa?
Wie heißt Ihr Ehemann/Ihre Ehefrau?

Se llama …
Er/Sie heißt …

¿Usted es el señor …?
Sind Sie Herr …?

¿Tú eres Pedro?
Bist du Pedro?

Wer hat, der hat …

¿(Usted) tiene …?
Haben Sie …?

¿(Tú) tienes …?
Hast du …?

(No) tengo …
Ich habe (nicht/kein[e]) …

hijos
Kinder

hermanos
Geschwister

aber:

Tengo que …
Ich muss …

Berufe

(Yo) soy …
Ich bin …

abogado/-a
Anwalt/Anwältin

estudiante
Student/in

médico/-a
Arzt/Ärztin

profesor/a
Lehrer/in, Professor/in

traductor/a
Übersetzer/in

¿Cómo te llamas?

Hören Sie sich den folgenden Dialog an. 10

- Hola. Tú eres Heike, ¿verdad?
- Sí, sí … y tú, ¿cómo te llamas?
- Me llamo Antonio, soy un amigo de Carmen.
- ¡Ah! ¡Sí, es verdad! Hola, Antonio.
- Tú eres francesa, ¿no?
- No, no. Soy alemana, de Fráncfort.
- Ah bien, ¿y estás sola en España?
- No, estoy aquí con mi hermana y mi hija.
- ¡Ah! ¿Estás casada?
- Estoy separada. ¿Y tú?
- Yo estoy casado y tengo un hijo. ¿Y qué haces en España?
- Soy traductora y trabajo mucho aquí.
- ¡Qué interesante!
- Bueno, ahora tengo que trabajar.
- Sí, claro. Hasta pronto.
- Adiós.

Worauf es ankommt

Nomen est Omen
Nach dem Namen fragt man: ¿Cómo te llamas? *(Wie heißt du?)* bzw. ¿Cómo se llama usted? *(Wie heißen Sie?)* oder ¿Cuál es tu/su nombre? *(Wie ist dein/Ihr Name?)*

Familienstand
Estoy … *(Ich bin …):* casado/-a *(verheiratet)*, divorciado/-a *(geschieden)*, separado/-a *(getrennt)* – aber soy viudo/-a *(Witwer/Witwe)*.

Ein bisschen Grammatik

Die unbestimmten Artikel heißen für männliche Hauptwörter un:
un hijo *(ein Sohn)* oder un hermano *(ein Bruder)* und für weibliche una:
una hija *(eine Tochter)* oder una hermana *(eine Schwester)*.

Noch etwas Grammatik

Vergleichen Sie (yo) soy *(ich bin)* für Nationalität, Namen, Charaktereigenschaften etc. und (yo) estoy *(ich bin)* für veränderliche Zustände, Ortsangaben usw. Ebenso (tú) eres *(du bist)* oder (tú) estás *(du bist)* bzw. (él/ella) es *(er/sie ist)* oder (él/ella) está *(er/sie ist)*, (usted) es *(Sie sind)* oder (usted) está *(Sie sind)*.

Übungen

① Verständnis und Aussprache

Verständnis und Aussprache sind das A und O jeder Sprache. 11
Bitte wiederholen Sie die folgenden Sätze.

1. Tú eres Raquel, ¿verdad?
2. ¿Cómo te llamas?
3. Me llamo Francisco, ¿y tú?
4. Soy alemán y mi esposa es española.
5. Perdone, ¿usted tiene hermanos?
6. Soy estudiante de español en Fráncfort.

② Welches Verb passt?

Lesen Sie die Sätze aufmerksam und ergänzen Sie die
fehlenden Verbformen für „sein" – doch Vorsicht:
im Spanischen gibt es zwei Varianten für dieses Verb.

estoy – está – soy – estás – es – eres

1. ¿Cómo _____?
2. Tú _____ de Berna, ¿verdad?
3. Mi hermana _____ casada.
4. ¿Usted _____ español?
5. _____ muy cansado hoy.
6. _____ austriaco, ¿y tú?

③ Hören und verstehen

Hören Sie sich aufmerksam den Text an 12
und beantworten Sie folgende Fragen.

1. ¿Cómo se llama la esposa
   de Rafael?
   - a. Se llama Silke.
   - b. Se llama Carmen.

2. ¿Silke es alemana?
   - a. No, es austriaca.
   - b. Sí, es alemana.

3. Y está casada, ¿verdad?
   - a. Sí, está casada.
   - b. No, está divorciada.

④ Können Sie die beiden Spalten zuordnen?

Ordnen Sie den deutschen Sätzen die spanischen Entsprechungen zu.

1. Bis bald.
2. Arbeitest du in Spanien?
3. Wie heißt deine Tochter?
4. Sind Sie Lehrer?
5. Bist du verheiratet?
6. Und hast du Geschwister?

a. ¿Y tienes hermanos?
b. ¿Usted es profesor?
c. Hasta pronto.
d. ¿Estás casado/-a?
e. ¿Trabajas en España?
f. ¿Cómo se llama tu hija?

Das Wichtigste auf einen Blick

Berufe  ▶ 13

abogado/-a
Anwalt/Anwältin

arquitecto/-a
Architekt/in

médico/-a
Arzt/Ärztin

dependiente/-a
Verkäufer/in

estudiante
Student/in

profesor/a
Lehrer/in, Professor/in

ama de casa
Hausfrau

pensionista
Rentner/in

operario/-a
Arbeiter/in

empresario/-a
Unternehmer/in

comerciante
Händler/in

ingeniero/-a
Ingenieur/in

traductor/a
Übersetzer/in

funcionario/-a
Beamter/Beamtin

conductor/a
Fahrer/in

Nationalität und Herkunft

¿Usted es español/a?	Sind Sie Spanier/in?
¿Eres español/a?	Bist du Spanier/in?
No eres español, ¿verdad?	Du bist kein Spanier, nicht wahr?
¿De dónde es (usted)?	Woher sind Sie?
¿De dónde eres (tú)?	Woher bist du?
Vengo/Soy de …	Ich komme/bin aus …
Vivo en …	Ich wohne in …

Beruf

¿En qué trabaja (usted)?	Was arbeiten Sie?
¿En qué trabajas?	Was arbeitest du?
¿Cuál es su/tu profesión?	Was sind Sie/bist du von Beruf?
¿Dónde trabaja (usted)?	Wo arbeiten Sie?
¿Dónde trabajas?	Wo arbeitest du?
Soy …	Ich bin …
Trabajo …	Ich arbeite …
en un banco	bei einer Bank
en una oficina	in einem Büro
en una compañía de seguros	bei einer Versicherung
en una tienda	in einem Geschäft
en un supermercado	in einem Supermarkt

Familienstand

¿(Usted) está casado/-a?	Sind Sie verheiratet?
¿(Tú) estás casado/-a?	Bist du verheiratet?
Estoy …	Ich bin …
casado/-a	verheiratet
divorciado/-a	geschieden
separado/-a	getrennt
Soy viudo/-a.	Ich bin Witwer/Witwe.

Name

¿Cómo se llama (usted)?	Wie heißen Sie?
¿Cómo te llamas?	Wie heißt du?
Me llamo …	Ich heiße …
Soy …	Ich bin …

Alter

¿Qué edad tiene (usted)?	Wie alt sind Sie?
¿Cuántos años tiene (usted)?	Wie alt sind Sie?
¿Cuántos años tienes?	Wie alt bist du?
Tengo 20 (veinte) años.	Ich bin 20.
Tengo 21 (veintiún) años.	Ich bin 21.

Familie

2

¿Vosotros sabíais?

Familias españolas waren früher in der Regel größer als ihre Pendants in Mitteleuropa. Zwar geht der Trend auf der Iberischen Halbinsel heutzutage auch eher zu einem oder maximal zwei Kindern, aber dafür wohnen diese sehr häufig mit den Eltern unter einem Dach, bis sie selbst eine eigene Familie gründen. Außerdem ist die spanische Gesellschaft in der Regel noch weniger mobil als hierzulande. So bleiben viele Spanier ihrer Heimatstadt, ja oft ihrem Stadtviertel – und somit auch dem Umfeld der Familie – ein Leben lang treu. Dies hat den Vorteil, dass z. B. das Thema Kinderbetreuung nur selten ein Problem darstellt – Opa *(el abuelo)* und Oma *(la abuela)* übernehmen traditionell die Rolle der Babysitter für die berufstätigen Eltern *(los padres)* – und die Nachbarn bilden automatisch eine Art erweiterte Familie. Andererseits gibt es mehr Berührungspunkte zwischen den Generationen, was nicht selten den Eindruck vermittelt, dass die familiäre Hierarchie immer noch stark ausgeprägt ist.

Madrid – Die geschäftige Hauptstadt

¡No se lo pierda! – Sehenswertes

Bei all dem Trubel, der in Spaniens Hauptstadt
herrscht, möchten Sie vielleicht wissen, wo denn
noch etwas von der alten, geruhsamen Atmosphäre
zu finden ist, die *Madrid* noch bis in die 1950er
Jahre kennzeichnete. Probieren Sie's doch mal im
Barrio de la Latina. Dieses Viertel liegt inmitten des
historischen Stadtkerns und ist v. a. durch seine
verwinkelten Gässchen, die zahlreichen Fußgän-
gerzonen und romantischen Plätze sehenswert.
Hier in den Cafés mit ihren einladenden Terrassen
und den unzähligen Bars kann man mal alle Viere
von sich strecken und sich von der Hektik der Mil-
lionenmetropole erholen. Und falls Sie noch kein
anderes Arrangement für eine kulturelle Soirée
getroffen haben, wie wär's mit dem Besuch einer
Revue im *Teatro de la Latina*?

¡Que aproveche! – Regionale Spezialitäten

Die Küche Madrids wurde praktisch von allen Regionen des Landes beeinflusst, weshalb sich die
Stadt besonders gut für eine gastronomische Mini-
reise quer durch sämtliche spanischen Spezialitäten eignet. Angeblich gibt es hier die besten
churros (frittiertes Spritzgebäck) des Landes, die
man sich traditionell zum Frühstück mit einer
Tasse heißer Schokolade gönnt. Wirklich madrile-
nisch sind der *cocido madrileño* genannte Eintopf
aus Kichererbsen, Gemüse und Fleisch sowie die
callos a la madrileña, also gekochte Kutteln vom
Rind. Wem das zu fleischlastig ist, der sollte die
wirklich köstlichen *espárragos de Aranjuez* (Spargel aus Aranjuez) oder Fischgerichte wie *besugo
al horno* (Graubarsch aus dem Ofen), *merluza a la
madrileña* (gefüllter Seehecht) oder *soldaditos de
Pavía* (in Ei panierter Stockfisch) probieren. Traditionell schließt man das Abendessen mit einem
Gläschen *Chinchón*, einem herben Anisbrand, ab.

Para especialistas – Geheimtipps

Wer genug vom Sightseeingstress hat, der kann
in den Weiten des 1,4 km² großen *Parque del Buen
Retiro* im Herzen Madrids mal richtig ausspannen
und Energie für den Abend tanken. Das braucht
man auch, denn in den Nightlife-Vierteln – wie
Malasaña oder *Chueca* – steppt nicht nur am
Wochenende gewaltig der Bär!

Unterwegs –
En camino

Unterwegs vor Ort?

Ob im Zug oder mit dem eigenen Auto, wer Spanien bereist, sollte ein Gefühl dafür haben, wo die größten Städte des Landes liegen. Finden Sie diese Orte auf der Karte?

1. Madrid
2. Barcelona
3. Valencia
4. Bilbao
5. Sevilla
6. Palma de Mallorca
7. Santiago de Compostela
8. Cádiz

Was Sie in dieser Lektion lernen:
- wie man nach der Uhrzeit fragt.
- wie man die Uhrzeit angibt.
- wie man fragt, wann man ankommt und wo man umsteigen muss.
- wie man nach dem Weg fragt.
- wie man fragt, welches Verkehrsmittel man nehmen muss.

RENFE (Red Nacional de Ferrocarriles Españoles)
Mit etwa 14.000 Angestellten und rund 15.000 km Streckennetz das wichtigste Eisenbahnunternehmen im Personen- und Güterverkehr in Spanien. Für Online-Buchungen: www.renfe.es

Uhrzeit

¿Qué hora es?
Wie viel Uhr ist es?

¿Qué hora tenemos?
Wie spät haben wir es?

Umgangssprachlich nur im
12-Stunden-Takt (1=13, 2=14 usw.)
Es la una.
Es ist 1 Uhr.

Es mediodía.
Es ist Mittag (12 Uhr).

Es medianoche.
Es ist Mitternacht (0 Uhr).

Son las dos/tres/cuatro/...
Es ist 2/3/4/... Uhr.

¿A qué hora sale el tren?
Wann fährt der Zug ab?

¿A qué hora llega el tren?
Wann kommt der Zug an?

¿A qué hora llegamos a ...?
Wann kommen wir in ... an?

A la una.
Um 1 Uhr.

A las dos/tres/cuatro/...
Um 2/3 /4/... Uhr.

Orientierung

¿Qué estación es esta?
Welche Station/Welcher Bahnhof
ist das?

¿Dónde estamos?
Wo sind wir?

¿Estamos en ...?
Sind wir in ...?

No, es la próxima.
Nein, es ist die nächste.

No, faltan dos estaciones.
Nein, es ist die übernächste.

> **Aussprache**
> Nicht verwechseln: cuatro (vier)
> und cuarto (Viertel)!

¿A qué hora llegamos?

Hören Sie sich den folgenden Dialog an. 14

- ● Perdone, ¿qué hora es?
- ■ Son las dos y media.
- ● ¿A qué hora llegamos a Córdoba?
- ■ ¿A Córdoba? ¡Este tren no va a Córdoba!
- ● ¿Cómo?
- ■ Para ir a Córdoba tiene que cambiar de tren en Sevilla. Es la próxima estación.
- ● ¿Y cuándo llegamos?
- ■ No lo sé exactamente, pero podemos preguntar al revisor.
- ▲ Billetes, por favor.
- ● Aquí tiene. Perdone, ¿a qué hora llegamos a Sevilla?
- ▲ Llevamos diez minutos de retraso. El tren llega a las tres y cuarto al andén ocho.
- ● Muchas gracias.
- ▲ De nada. ¡Buen viaje!

Worauf es ankommt

Zahlen 0 – 12
cero (0), uno (1), dos (2), tres (3), cuatro (4), cinco (5), seis (6), siete (7), ocho (8), nueve (9), diez (10), once (11), doce (12)

Uhrzeit
Nur bei 1 Uhr sowie mediodía (Mittag) und medianoche (Mitternacht): Es ..., z. B. Es la una. (Es ist 1 Uhr). Ansonsten: Son ..., z. B. Son las siete. (Es ist 7 Uhr.) Außerdem: Es/Son ... y media. (Es ist halb ...); Es/Son ... y cuarto. (Es ist Viertel nach ...); Es/Son ... menos cuarto. (Es ist Viertel vor ...)

Ein bisschen Grammatik

Verben in der 1. Person Mehrzahl enden im Präsens auf -mos,
für die 3. Person Einzahl gibt es bekanntlich verschiedene Endungen.
(nosotros*) llegamos (wir kommen an), (nosotros) tenemos (wir haben),
(él/ella) llega (er/sie kommt an), (usted) llega (Sie kommen an), (él/ella)
tiene (er/sie hat), (usted) tiene (Sie haben).

Noch etwas mehr Grammatik

Die Präposition a und der Artikel el werden zusammengezogen: al.
Ebenso de und el: del.

* Es gibt im Spanischen auch eine weibliche Form von „wir": nosotras (siehe auch Seite 112).

Übungen

1 Verständnis und Aussprache

Sprechen Sie bitte diese Sätze nach! Wenn Sie sich den A-Dialog 15 gut durchgelesen haben, sollte auch das Verständnis keine Probleme machen.

1. Perdone señora, ¿qué hora es?
2. Son las seis y media.
3. ¿Cuándo llegamos a Madrid?
4. Llevamos diez minutos de retraso.
5. El tren sale a las tres y cuarto del andén cinco.
6. Llegamos a las cuatro menos cuarto.

2 Welche Verben passen?

Oh je, hier fehlt doch was! Lesen Sie die Sätze und ergänzen Sie die fehlenden Verben.

tiene – va – llevamos – preguntar – sale – llegamos

1. _____ cinco minutos de retraso.
2. ¿A qué hora _____ ?
3. Este tren no _____ a Jerez de la Frontera.
4. Usted _____ que cambiar de tren en Murcia.
5. Podemos _____ al revisor.
6. El tren a Córdoba _____ a las cuatro.

3 Welche Zahlen sind das

Erkennen Sie all diese Zahlen? Dann übersetzen Sie sie bitte ins Deutsche.

1. nueve	4. seis	7. cuatro	10. uno
2. ocho	5. cinco	8. once	11. diez
3. doce	6. tres	9. dos	12. siete

4 Wer hat an der Uhr gedreht?

Setzen Sie die angegebenen Uhrzeiten in den Beispielsatz ein.

Qué hora es? – Son **las tres y media.**

1. 3.30	4. 5	7. 2.45	10. 6.30
2. 7.15	5. 12	8. 0	11. 8.45
3. 4.45	6. 1.30	9. 11.15	12. 10

Was man vielleicht sucht

la parada de autobús
die Bushaltestelle

la parada de taxis
der Taxistand

la estación del metro
die U-Bahn-Station

la estación central
der Hauptbahnhof

la oficina de turismo
die Touristeninformation

Wo genau?

Está aquí.
Es ist hier.

Está aquí enfrente.
Es ist hier gegenüber.

Está ahí.
Es ist dort.

¿Está lejos (de aquí)?
Ist es weit (von hier)?

Está cerca.
Es ist in der Nähe.

Tiene que coger …
Sie müssen … nehmen.

Verkehrsmittel

el metro
die U-Bahn

el taxi
das Taxi

el autobús
der Bus

el tranvía
die Straßenbahn

Debe bajarse en …
Sie sollen/müssen in … aussteigen.

Tiene que cambiar en …
Sie müssen in … umsteigen.

Auf und zu

Está abierto/-a.
Er/Sie/Es ist geöffnet.

Está cerrado/-a.
Er/Sie/Es ist geschlossen.

Está un poco lejos.

Hören Sie sich den folgenden Dialog an. 16

- Disculpe, ¿dónde está la oficina de turismo?
- Está ahí, pero hoy está cerrada. Hay otra en la Plaza de España.
- ¿Está lejos de aquí?
- Un poco sí.
- ¿Puedo ir a pie?
- Lo mejor es coger el autobús. El C3.
- Muy bien. ¿Sabe dónde está la parada de autobús?
- Sí, está justo ahí enfrente. Debe cruzar la plaza.
- ¿Dónde compro el billete?
- En el autobús, al conductor.
- Gracias.
- De nada. Adiós.

Worauf es ankommt

Wo ist …?

Nach einem Ort fragt man: ¿Dónde está …? *(Wo ist …?)*, ¿Dónde está el autobús (que va) a Marbella? *(Wo ist der Bus nach Marbella?)* oder ¿Dónde está Mauricio? *(Wo ist Mauricio?)*

Hier und da

aquí *(hier)*, ahí *(da)*, allí *(dort)*

Ein bisschen Grammatik

Einige wichtige (unregelmäßige) Verben:

(yo) debo	ich soll
(él/ella, usted) debe	er/sie soll, Sie sollen
(yo) tengo que	ich muss
(él/ella, usted) tiene que	er/sie muss, Sie müssen
(yo) puedo	ich kann
(él/ella, usted) puede	er/sie kann, Sie können

Noch etwas Grammatik

Die Grundform der Verben endet auf -ar, -er oder -ir, z. B.
cambiar *(ändern, umsteigen, wechseln)*, estar *(sein, sich befinden)*, llegar *(ankommen)*, coger *(nehmen)*, poder *(können)*, ir *(gehen)* und salir *(abfahren, ausgehen, herauskommen)*.

Übungen

1 Verständnis und Aussprache

Verstehen Sie diese Sätze? Bitte sprechen Sie sie nach. 17

1. ¿Dónde está la estación?
2. ¿Dónde compro el billete?
3. Allí, debe cruzar la plaza.
4. Lo mejor es coger un taxi.
5. ¿La Plaza de España está cerca?
6. Está un poco lejos. No puede ir a pie.

2 Ordnung ist die halbe Übung

Dieser Dialog ist ziemlich durcheinandergeraten.
Können Sie ihn wieder richtig ordnen?

___ Sí, debe bajarse en la Plaza de España.

___ Sí, está muy lejos. No puede ir a pie.

___ Está aquí enfrente.

___ ¿Es mejor coger el metro?

_1_ Disculpe, ¿la oficina de turismo está lejos?

___ Muy bien, pero ¿dónde está la estación del metro?

busca = er/sie sucht

3 Hören und verstehen

Hören Sie sich aufmerksam den Text an und entscheiden Sie 18
sich für die richtige Antwort auf die Fragen.

1. ¿Qué busca Pedro?
   a. La oficina de turismo.
   b. La parada de taxis.

2. ¿Está lejos de aquí?
   a. Sí, está lejos.
   b. No, no está lejos.

3. ¿Está abierta hoy?
   a. No, está cerrada.
   b. Sí, está abierta.

4 Bitte vervollständigen

Setzen Sie die vorgegebenen Wörter in den Mustersatz ein.

¿Cómo llego **allí**? – Tiene que **coger el tranvía**.

1. allí – coger el tranvía
2. a la Plaza del Parque – coger un taxi
3. al centro – ir andando
4. a Granada – coger el autobús
5. a la Plaza Colón – coger el metro
6. a Bilbao – coger el tren

Das Wichtigste auf einen Blick

Was man so sucht 19

la parada de
autobús
die Bushaltestelle

la parada de taxis
der Taxistand

la estación del metro
die U-Bahn-Station

la estación central
der Hauptbahnhof

la oficina de turismo
die Touristeninformation

la sala de espera
der Wartesaal

Verkehrsmittel

el metro
die U-Bahn

el taxi
das Taxi

el autobús
der Bus

el tranvía
die Straßenbahn

Im Zug

¿Qué estación es esta?	Welche Station/Welcher Bahnhof ist das?
¿Qué parada es esta?	Welche Haltestelle ist das?
¿Dónde estamos?	Wo sind wir?
¿Estamos en la estación central?	Sind wir am Hauptbahnhof?
No, es la próxima (estación).	Nein, es ist der nächste (Bahnhof).
No, faltan dos estaciones / paradas.	Es ist der übernächste Halt.
¿Adónde va este tren?	Wohin fährt dieser Zug?
¿Este es el tren que va a …?	Ist das der Zug nach …?
¿Este tren para en …?	Hält dieser Zug in …?
No, tiene que cambiar de tren en …	Nein, Sie müssen in … umsteigen.
¿Cuánto falta para llegar a …?	Wie lange dauert es noch, bis wir in … ankommen?
Faltan tres horas.	Drei Stunden.

Am Bahnhof

¿Qué tren debo coger para ir a …?	Welchen Zug muss/soll ich nach … nehmen?
Tiene que coger el tren a …	Sie müssen den Zug nach … nehmen.
¿De qué andén sale el tren a …?	Von welchem Gleis fährt der Zug nach … ab?
Sale del andén cinco.	Er fährt von Gleis 5 ab.
¿Hay que picar el billete?	Muss man die Fahrkarte entwerten?
¿Llega el tren a su hora?	Ist der Zug pünktlich?
El tren lleva retraso.	Der Zug ist verspätet.
Llevamos un retraso de … minutos.	Wir sind … Minuten verspätet.

Uhrzeit

¿Qué hora es?	Wie viel Uhr ist es?
¿Qué hora tenemos?	Wie spät haben wir es?
Es la una.	Es ist 1 Uhr.
Es mediodía.	Es ist Mittag (12 Uhr).
Es medianoche.	Es ist Mitternacht (0 Uhr).
Son las dos/tres/cuatro/…	Es ist 2/3/4/… Uhr.
¿A qué hora sale el tren?	Wann fährt der Zug ab?
¿A qué hora llega el tren?	Wann kommt der Zug an?
¿A qué hora llegamos a …?	Wann kommen wir in … an?
A la una.	Um 1 Uhr.
A las dos/tres/cuatro/…	Um 2/3/4/… Uhr.
A las cinco y media.	Um 5.30 Uhr.
A las seis y cuarto.	Um 6.15 Uhr.

Verkehrsmittel

3

Innerorts unterwegs

Einzelfahrkarten für Busse, U-Bahnen und Straßenbahnen kauft man in der Regel am Automaten oder direkt beim Fahrer. An Kiosken – *estanco* oder *quiosco* genannt – bekommt man außerdem Zehnerkarten *(bono)* und Touristentickets *(tarjeta turística)*. Normalerweise muss man die Tickets im jeweiligen Verkehrsmittel entwerten.

¿Vosotros sabíais?

Zugfahren in Spanien ist praktisch und preiswert. Für größere Distanzen sind Inlandsflüge eine sinnvolle Alternative, zumal es auch in Spanien oft sehr günstige Angebote gibt. Bei Abfahrten von Zügen, Flugzeugen etc. gibt man immer die präzise Uhrzeit an: *El tren sale a las 10.27 (diez y veintisiete)*.

Per pedes!

Man muss ja nicht unbedingt motorisiert unterwegs sein … In Spanien haben auch Reisende, die gut zu Fuß sind, viele Möglichkeiten, eine unvergessliche Zeit zu verbringen. Aushängeschild des Wandertourismus ist natürlich der berühmte Jakobsweg – auf Spanisch *camino de Santiago* genannt – bis nach *Santiago de Compostela*, doch auch weniger bekannte Routen wie z. B. die fünftägige *Ruta de l'Ermita* im Naturpark *Cadï-Moixeró* in den Pyrenäen, die Wanderung durch die *Sierra Mariola* südlich von *Valencia* oder durch die *Sierra de Grazalema*, einem der schönsten Wandergebiete Spaniens im Süden von Andalusien, sind garantiert erlebnisreich.

Barcelona – Die hippe Metropole

¡No se lo pierda! – Sehenswertes

Zugegeben: *Barcelona* ist ein „alter Bekannter" für Städtereisenfans und so mancher Veteran sehnt sich zurück nach der Zeit, als noch nicht Horden von Touristen die Metropole am Mittelmeer vereinnahmten. Doch bis heute lohnt es sich, einfach mal in das Gassengewirr des *Barrio Gótico* einzutauchen und vielleicht auf einem Platz, z.B. der hübschen *Plaza de San Felipe Neri*, auf ein paar *tapas* und eine *clara* – so nennt man hier ein Glas Bier mit einem Schuss Zitrone – einzukehren. Danach sollte man sich dem katalanischen Jugendstil – *modernismo* genannt – widmen, wobei neben den weltberühmten Werken Antoni Gaudís wie der *Sagrada Familia* oder dem *Parc Güell* gerade auch die weniger bekannten Gebäude wie das *Hospital de la Santa Creu i Sant Pau* oder der *Palacio de la Música Catalana*, beide von Lluís Domènech y Montaner, höchst sehenswert sind.

¡Que aproveche! – Regionale Spezialitäten

Inspiration für die Geschmacksnerven holt man sich in *Barcelona* am besten im *Mercat de Sant Josep* – auch *Bouquería* genannt –, der direkt an der Flaniermeile *Ramblas* gelegen ist. Hier finden sich alle Zutaten, die in der einheimischen Küche verarbeitet werden, inklusive Fisch wie den majestätischen Seeteufel, den man z.B. in Form der *rape a la marinera* (Seeteufel nach Matrosenart) schätzt. Nicht entgehen lassen sollten Sie sich außerdem den Fischeintopf *suquet de peix*, die vielleicht beliebteste Salatvariation der Stadt namens *xató* (aus Endivien und mit Stockfisch) mit der leckeren *salsa romesco* (aus Paprika und getrockneten Früchten) und natürlich die zahlreichen süßen Kreationen wie *bunyols* (Hefekringel) oder *panellets* (Küchlein aus Marzipan, Mandeln und Pinienkernen), die es nicht nur an Feiertagen gibt.

Para especialistas – Geheimtipps

Barcelona ist gerade wegen seines einzigartigen Nightlifes legendär. Die Viertel mit den kürzesten Nächten sind *Gracia*, *Born* oder *l'Eixample* und ein Besuch in einer der unzähligen Bars gehört irgendwie zum echten „*Barcelona*-Feeling" dazu. Und wo findet das alltägliche Leben statt? Erkunden Sie es auf einem Spaziergang von der *Montaña de Montjuic* bis zur *Plaza de España* und der nahen Einkaufszone um die *Calle Cruz Cubierta* im Stadtteil *Sants*. Von hier ist es nur noch ein Katzensprung bis zur schmucken *Plaza de Osca* oder dem *Parque de la España Industrial*.

Ein Zimmer suchen –
Buscar una habitación

4

Die richtige Unterkunft gefunden?

In Spanien haben Sie eine große Auswahl an Übernachtungs-
möglichkeiten. Können Sie sich unter den folgenden etwas
vorstellen? Wenn nicht, finden Sie auf Seite 37 mehr Informationen dazu. Wo übernachten Sie, wenn Sie in Spanien sind?

1. hotel
2. hotel rural
3. parador
4. camping

5. hostal
6. pensión
7. albergue juvenil

Was Sie in dieser Lektion lernen:
• wie man eine Unterkunft sucht.
• wie man das Datum angibt.
• wie man ein Telefongespräch führt.
• wie man ein Hotelzimmer reserviert.

Oficina Española de Turismo
Die staatlichen spanischen Fremdenverkehrsämter informieren unter:
www.tourspain.es
www.spain.info

Zimmer
Man sagt **habitación** oder **cuarto**
(**cuarto** ist umgangssprachlicher).

Hotelsuche

Busco un hotel.
Ich suche ein Hotel.

¿Me puede dar …?
Können Sie mir … geben?

el número de teléfono
die Telefonnummer

la dirección
die Adresse

Datum

¿Para cuándo?
Für wann?

Para esta noche.
Für diese Nacht.

Para mañana.
Für morgen.

Para el uno/cinco de agosto.
Für den 1./5. August.

¿Para cuántas noches?
Für wie viele Nächte?

Para tres noches.
Für drei Nächte.

Del tres al cinco de agosto.
Vom 3. bis zum 5. August.

Was für ein Zimmer?

una habitación doble
ein Doppelzimmer

una habitación individual
ein Einzelzimmer

una habitación de matrimonio
ein Zimmer mit Doppelbett

¿Cuánto cuesta?
Wie viel kostet es?

Cuesta … euros la noche.
Es kostet … Euro pro Nacht.

> **Aussprache**
> Sprechen Sie die Vokale hinter-
> einander einzeln und deutlich:
> *cuándo, habitación, junio* usw.

Busco un hotel.

Hören Sie sich den folgenden Dialog an. 20

- ● Buenos días, ¿puedo ayudarle?
- ■ Sí, busco un hotel en Sevilla para hoy.
- ● ¿Cuántas noches?
- ■ Tres noches.
- ● ¿Para cuántas personas?
- ■ Dos personas.
- ● A ver … Sí, aquí tengo uno, el hotel Emperador.
  Una habitación doble cuesta 100 euros por noche.
- ■ Bueno, es un poco caro …
- ● Otra alternativa es el hotel Al-Andalus, 70 euros por noche.
- ■ ¿Está lejos del centro?
- ● No, no. Está cerca del Prado de San Sebastián.
- ■ Está bien, ¿tiene el número de teléfono?
- ● Sí, aquí tiene: 954421238.
- ■ Muchas gracias.
- ● De nada, adiós.

> **Worauf es ankommt**
>
> **Zahlen 13–100**
> trece *(13)*, catorce *(14)*, quince *(15)*, dieciséis *(16)*, diecisiete *(17)*, dieciocho *(18)*,
> diecinueve *(19)*, veinte *(20)*, veintiuno *(21)*, veintidós *(22)* – siehe Seitenzahlen –,
> treinta *(30)*, treinta y uno *(31)*, cuarenta *(40)*, cincuenta *(50)*, sesenta *(60)*,
> setenta *(70)*, ochenta *(80)*, noventa *(90)*, cien *(100)*. Achtung: uno wird vor einem
> männlichen Hauptwort zu un: veintiún.
>
> **Monate**
> enero *(Januar)*, febrero *(Februar)*, marzo *(März)*, abril *(April)*, mayo *(Mai)*, junio
> *(Juni)*, julio *(Juli)*, agosto *(August)*, septiembre *(September)*, octubre *(Oktober)*,
> noviembre *(November)*, diciembre *(Dezember)*

Ein bisschen Grammatik

Hauptwörter, die auf einen Vokal enden, bilden die Mehrzahl durch
Anhängen von -s; endet ein Wort auf einen Konsonanten, hängt man
-es an: día *(Tag)* → días *(Tage)*, noche *(Nacht)* → noches *(Nächte)*,
habitación *(Zimmer)* → habitaciones *(Zimmer)*.

Übungen

1 Verständnis und Aussprache

Die alte Leier: Erst verstehen
und dann ganz einfach nachsprechen, bitte! 21

estrella = Stern

1. Busco un hotel cerca de aquí.
2. Está bien, ¿y para cuándo?
3. ¿Tiene una habitación del 21 al 23 de mayo?
4. Este hotel tiene cuatro estrellas, ¿verdad?
5. El hotel Mar y Sol está en el centro.
6. Es un poco caro, cuesta 100 (cien) euros por noche.

2 Einzahl und Mehrzahl

Wie wird die Mehrzahlform der folgenden
Hauptwörter gebildet?

1. habitación
2. día
3. noche
4. estrella
5. teléfono
6. estudiante
7. número
8. dirección
9. autobús
10. hora
11. pensión
12. parada

3 Die lieben Zahlen

Setzen Sie die folgenden Zahlen in den Mustersatz ein.
Im Zweifelsfall helfen die Seitenzahlen.

¿Cuánto cuesta la habitación? – Cuesta **95** euros por noche.

1. 95
2. 70
3. 49
4. 84
5. 32
6. 51
7. 18
8. 23
9. 66
10. 89
11. 40
12. 37

4 Was gehört wohin?

Vervollständigen Sie die Sätze mit den angegebenen Wörtern.
Halb so schlimm, oder?

dar – cuántos – caro – centro – individual – pensión

1. Busco una _____ para tres noches.
2. Tengo una habitación _____ o una doble.
3. Está bien, ¿pero para _____ días?
4. El hotel no está en el _____ , ¿verdad?
5. ¿Me puede _____ el número?
6. Lamentablemente es un poco _____ .

lamentablemente = leider

Am Telefon

¿Diga? / ¿Dígame?
Hallo?

Diga, ¿quién es?
Hallo, wer spricht?

¿Puede hablar más despacio?
Können Sie langsamer sprechen?

¿Puede repetir?
Können Sie es/das wiederholen?

Lo siento, no le entiendo.
Es tut mir leid, ich verstehe Sie nicht.

No entiendo bien.
Ich verstehe nicht gut.

Solo hablo un poco español.
Ich spreche nur ein wenig Spanisch.

Wann genau?

¿Tiene una habitación libre …?
Haben Sie ein freies Zimmer …?

para el cuatro de marzo
für den 4. März

Quisiera reservar …
Ich möchte … reservieren.

Bestätigung

¿Puede enviarme la confirmación, por favor?
Können Sie mir die Bestätigung schicken?

por correo electrónico
per E-Mail

> **Umlaute**
> Das Spanische kennt keine
> Umlaute, deshalb sprechen viele
> Spanier ä, ö und ü wie a, o und u.
> Aus Müller wird Muller.

¿Tiene habitaciones libres para hoy?

Hören Sie sich den folgenden Dialog an. 22

- ● Buenos días, hotel Al-Andalus.
- ■ Buenos días, ¿tiene habitaciones libres para hoy?
- ● ¿Para cuántas noches?
- ■ Tres noches en habitación doble.
- ● Sí, no hay problema, ¿a qué nombre?
- ■ Zimmermann.
- ● ¿Puede deletrearlo, por favor?
- ■ Claro. Z de Zaragoza, I de Italia, M de María, M de María, E de España, R de Ramón, M de María, A de Antonio, …
- ● Sí, ya. Zimmermann, gracias. ¿A qué hora llegan?
- ■ A las tres más o menos. ¿Puede enviarme la confirmación, por favor?
- ● ¿Tiene correo electrónico?
- ■ Sí, zimmermann@webmail.de.
- ● Muy bien, hasta esta tarde entonces.

> ## Worauf es ankommt
>
> ### Richtig schreiben
> Man fragt: Perdone, ¿cómo se escribe? *(Entschuldigung, wie schreibt man das?)* oder ¿Puede deletrearlo? *(Können Sie das buchstabieren?)* Die Antwort lautet: Se escribe … *(Es schreibt sich …)* Übrigens: @ heißt arroba.
>
> ### Buchstabieren
> *(A)* a – Antonio, *(B)* be – Barcelona, *(C)* ce – Carmen, *(D)* de – Dolores, *(E)* e – España, *(F)* efe – Francia, *(G)* ge – Granada, *(H)* ache – Huelva, *(I)* i – Italia, *(J)* jota – Juan, *(K)* ka – Kenia, *(L)* ele – Lisboa, *(M)* eme – María, *(N)* ene – Navarra, *(Ñ)* eñe, *(O)* o – Oviedo, *(P)* pe – París, *(Q)* cu – Quebec, *(R)* erre – Ramón, *(S)* ese – Soria, *(T)* te – Tarragona, *(U)* u – Uruguay, *(V)* uve – Valencia, *(W)* uve doble – Washington, *(X)* equis – xilófono, *(Y)* i griega – yema, *(Z)* zeta – Zaragoza; ä, ö, ü = a, o, u con diéresis/con dos puntitos encima.

Ein bisschen Grammatik

Die persönlichen Fürwörter können an die Grundform eines Verbs angehängt werden: Puede enviar**me** la confirmación *(Sie können **mir** die Bestätigung schicken.)*, ¿Puede deletrear**lo**? *(Können Sie **das** buchstabieren?)*

Übungen

1 Verständnis und Aussprache

Alles verstanden? Dann sprechen Sie bitte einfach mal nach! 23

1. Quisiera reservar una habitación individual.
2. ¿Para cuántas noches?
3. ¿Puede darme su número de teléfono?
4. ¿Puede deletrearlo, por favor?
5. ¿Puede hablar más despacio?
6. ¿Puede enviarme la confirmación, por favor?

2 Buchstabieren Sie

Bitte buchstabieren Sie die folgenden Namen.

1. Heidemarie Müllermann
2. Joachim Leimadscher
3. Xaver Gottliebsohn
4. Carlitos Nachos
5. Zenzi Tigerlilly
6. Dschingis Khanowski

3 Hören und verstehen

Hören Sie sich den Text an und ergänzen Sie die Aussagen 24
bzw. beantworten Sie die Fragen.

1. El señor García busca …
   a. una habitación
   b. dos habitaciones

2. ¿Para cuántas noches?
   a. Para dos noches.
   b. Para cuatro noches.

3. ¿A qué hora llegan?
   a. A las tres.
   b. A las cinco.

4. Quiere la confirmación por …
   a. correo electrónico
   b. teléfono

4 Reservieren Sie

Formulieren Sie Reservierungen:

Quisiera reservar …, por favor.

1. ein Doppelzimmer für zwei Nächte
2. ein Einzelzimmer für eine Nacht
3. ein Zimmer mit Doppelbett für vier Nächte
4. drei Einzelzimmer für fünf Nächte
5. zwei Doppelzimmer für drei Nächte

Das Wichtigste auf einen Blick

Wohnung, Haus 25

Queremos alquilar ...
Wir würden gerne ... mieten.

un apartamento
eine Wohnung

una casa
ein Haus

un chalé
ein Landhaus

Weitere Bedürfnisse

¿Hay ...?
Gibt es ...?

un aparcamiento
einen Parkplatz

un supermercado
einen Supermarkt

una tienda
ein Geschäft

un centro comercial
ein Einkaufszentrum

un restaurante
ein Restaurant

una pizzería
eine Pizzeria

una playa
einen Strand

Hotelsuche

Busco un hotel/una pensión.	Ich suche ein Hotel/eine Pension.
¿Me puede dar ...?	Können Sie mir ... geben?
el número de teléfono	die Telefonnummer
la dirección	die Adresse
¿Para cuántas personas?	Für wie viele Personen?
Para ... personas.	Für ... Personen.

Wann genau?

¿Tiene una habitación libre ...?	Haben Sie ein freies Zimmer ...?
¿Para cuándo?	Für wann?
Para esta noche.	Für diese Nacht.
¿Para cuántas noches?	Für wie viele Nächte?
¿Para cuántos días?	Für wie viele Tage?
De ... a .../Del ... al ...	Von/Vom ... bis (zum) ...
Para ... noches.	Für ... Nächte.
Para el ... de marzo.	Für den .... März.
Del ... al ... de abril.	Vom ... bis ... April.

Was für ein Zimmer?

Quisiera reservar ...	Ich möchte ... reservieren.
una habitación doble	ein Doppelzimmer
una habitación individual	ein Einzelzimmer
una habitación de matrimonio	ein Zimmer mit Doppelbett
una habitación con baño	ein Zimmer mit Bad
una habitación con balcón	ein Zimmer mit Balkon
una suite	eine Suite
¿Tiene una cama supletoria?	Haben Sie ein Zusatzbett?
¿Cuánto cuesta?	Wie viel kostet es?
Cuesta ... euros por noche.	Es kostet ... Euro pro Nacht.

Am Telefon

¿Diga? / ¿Dígame?	Hallo?
Diga, ¿quién es?	Hallo, wer spricht?
¿Puede hablar más alto?	Können Sie lauter sprechen?
¿Puede hablar más despacio?	Können Sie langsamer sprechen?
¿Puede repetir, por favor?	Können Sie es/das bitte wiederholen?
Lo siento, no le entiendo.	Entschuldigung, ich verstehe Sie nicht.

Bestätigung

¿A qué nombre?	Auf welchen Namen?
¿Puede enviarme la confirmación?	Können Sie mir die Bestätigung schicken?

¿Vosotros sabíais?

In Spanien gilt gerade in der *temporada alta* (Haupt-saison): Wer nicht früh genug bucht, riskiert, kein Zimmer mehr zu bekommen. Weit entspannter geht es in der *temporada baja* (Vor-, Nach- und Neben-saison) zu, wenn vielerorts Sondertarife Urlauber locken sollen. Man hat gewöhnlich die Wahl zwischen *hotel* (Hotel), *hotel rural* (Landhotel), *parador* (ein Luxushotel in einem ehemaligen Schloss oder einer Burg), *camping* (Campingplatz), *hostal* (einfaches, oft familiengeführtes Hotel), *pensión* (Pension) und *albergue juvenil* (Jugendherberge).

Aber wohin?

Wer nicht genau weiß, wohin er in Spanien reisen soll, dem helfen vielleicht die *banderas azules* (blauen Fahnen), die über so manchen Stränden des Landes flattern. Sie besagen, dass der jeweilige Strand in Sachen Sauberkeit und Umweltverträg-lichkeit tadellos ist. Die *banderas azules* werden jedes Jahr von der internationalen Organisation

FEEA (*Fundación Europea de Educación Ambiental*) vergeben und Spanien ist mit durchschnittlich 600 „blauen" Stränden seit vielen Jahren auf dem ersten Platz der über 30 Mitgliedsländer. Mehr erfahren Sie unter www.fee.global/blue-flag.

Reservierungen

Für die meisten Hotels und Pensionen kann man im Voraus eine Reservierung per E-Mail vorneh-men. Hier eine Mustervorlage:

> Estimados señores:
>
> Quisiera reservar en su hotel una habitación doble con vistas al mar y balcón del 4 al 9 de agosto.
>
> Les agradecería una breve respuesta.
> Atentamente,
>
> XXX

Islas Baleares – Die Inseln des Sommers

¡No se lo pierda! – Sehenswertes

Kaum eine Gegend Spaniens weist so viele Gegensätze auf wie die *Islas Baleares* (Balearen), denn die vier Hauptinseln *Mallorca*, *Ibiza*, *Menorca* und *Formentera* zeichnen sich allesamt durch ein eigenes Flair aus. Ganz „großes Kino" ist natürlich ein abendlicher Bummel durch die lebendige Altstadt von *Eivissa*, der Hauptstadt Ibizas, mit ihren hippen Kneipen, coolen Shops und jeder Menge guter Stimmung. Etwas entspannter geht es bei einer Fahrradtour durch die Salinenfelder Formenteras bis zum karibisch anmutenden Strand von *Illetas* zu. Wer es gerne aktiv mag, dem sei eine Wanderung quer durch Mallorcas *Sierra de Tramuntana* ans Herz gelegt. Im wahrsten Sinne der Höhepunkt ist hierbei die Besteigung des 1.445 m hohen *Puig Major*, von dem man atemberaubende Ausblicke über die ganze Insel und an klaren Tagen bis zum spanischen Festland genießt.

¡Que aproveche! – Regionale Spezialitäten

Die balearische Küche ist bodenständig und herzhaft zugleich. Praktisch überall finden sich so einfache Gerichte wie *pa amb oli* (geröstetes Brot mit Olivenöl und Tomaten bestrichen) oder die allseits beliebte *coca* (pizzaähnlicher belegter Blechkuchen). Daneben liebt man Eintöpfe wie *olla fresca* (Gemüseeintopf), *bullit* (Fleischeintopf), *guisat de peix* (Fischeintopf) oder die *caldereta de langosta* (Langusteneintopf). Aber auch aufwendigere Fleischgerichte wie *escaldums* (geschmorter Truthahn) oder *codornices con higos* (Wachteln mit Feigen) gehören zu den beliebten Spezialitäten.

Para especialistas – Geheimtipps

Ein Geheimtipp ist immer noch die Insel *Menorca*, die weit weniger besucht wird als ihre südlichen Schwestern. Jedoch ohne Grund, weist *Menorca* doch ebenfalls erholsame Strände und eine ausgesprochen gute touristische Infrastruktur auf. Das Highlight sind aber sicherlich die rauen, schroff zerklüfteten Buchten an der Nordküste der Insel, an denen man noch – meist einsam – die Kraft der Natur zu spüren bekommt wie sonst kaum irgendwo im westlichen Mittelmeer.

Im Hotel – En el hotel

Luxus pur

Welche der folgenden Gegenstände, die man üblicherweise
in einem Hotelzimmer findet, können Sie auf dem Foto erkennen?
Was bedeuten wohl die anderen?

1. cama
2. teléfono
3. armario
4. mesa
5. televisor
6. silla
7. alfombra
8. ventilador
9. almohada
10. lámpara

Was Sie in dieser Lektion lernen:
• wie man an der Rezeption eincheckt.
• wie man sich nach der Lage des
  Zimmers erkundigt.
• wie man fragt, ob das Frühstück
  inbegriffen ist.
• wie man ausdrückt, dass etwas nicht
  funktioniert.

Reservierungen

Für Informationen und Reservierungen
bietet sich entweder das Internet an
oder die spanischen Fremdenverkehrsämter, bei denen man auch Unterkunfts-
verzeichnisse ordern kann.

Aquí tiene …
Hier ist …

la confirmación
die Bestätigung

el comprobante
der Voucher

mi tarjeta de crédito
meine Kreditkarte

el pasaporte
der Reisepass

el carné de identidad (el DNI)
der Personalausweis

el carné de conducir
der Führerschein

Wünsche

Querría … / Quisiera …
Ich hätte gerne …

Wie lange bleiben Sie?

¿Cuánto tiempo se queda?
Wie lange bleiben Sie?

Me quedo …
Ich bleibe …

Nos quedamos …
Wir bleiben …

una noche
eine Nacht

dos/tres/cuatro noches
zwei/drei/vier Nächte

Frühstück

El desayuno …
Das Frühstück …

(no) está incluido en el precio.
ist im Preis (nicht) inbegriffen.

Aussprache

s immer stimmlos wie in „dass":
sábado (Samstag), reserva
(Reservierung), noches (Nächte)

Tenemos una reserva.

Hören Sie sich den folgenden Dialog an. 26

- Hola, tenemos una reserva para hoy.
- Hola, ¿me dice su nombre, por favor?
- Mi nombre es Markus Richter. Aquí tiene la confirmación.
- Gracias. ¿Tiene un documento de identidad?
- Aquí tiene.
- Muy bien, gracias. La reserva es para dos noches, ¿verdad?
- No, no, para tres. Salimos el sábado.
- De acuerdo. Su habitación es la número 25 (veinticinco) y está en el segundo piso. Aquí tiene la llave.
- Gracias. Perdone, el desayuno está incluido en el precio, ¿verdad?
- Así es. Se sirve en la planta baja de 7 a 10 de la mañana.
- Gracias, buenas noches.
- A usted, buenas noches.

Worauf es ankommt

Reservierung
Man sagt: Tengo/Tenemos una reserva. *(Ich habe/Wir haben eine Reservierung.)*
oder He/Hemos reservado una habitación. *(Ich habe/Wir haben ein Zimmer reserviert.)* Man fragt Sie: ¿Tiene una reserva? *(Haben Sie eine Reservierung?)*

Die Wochentage
lunes *(Montag)*, martes *(Dienstag)*, miércoles *(Mittwoch)*, jueves *(Donnerstag)*, viernes *(Freitag)*, sábado *(Samstag)* und domingo *(Sonntag)*

Die Ordnungszahlen
Sie sind in ihrer männlichen Form: primero *(erster)*, segundo *(zweiter)*, tercero *(dritter)*, cuarto *(vierter)*, quinto *(fünfter)*, sexto *(sechster)*, séptimo *(siebter)*, octavo *(achter)*, noveno *(neunter)* und décimo *(zehnter)*. Die weiblichen Formen enden auf -a. Achtung: Vor männlichen Hauptwörtern in der Einzahl sagt man: primer bzw. tercer: el primer/tercer día *(der erste/dritte Tag)*.

Ein bisschen Grammatik

Bei spanischen Verben entspricht die 3. Person Einzahl
auch der Sie-Form.

(él/ella, usted) dice	er/sie sagt, Sie sagen
(él/ella, usted) tiene	er/sie hat, Sie haben

Übungen

1 Verständnis und Aussprache

Verstehen Sie die Sätze dieser Übung? 27
Dann sprechen Sie sie bitte nach!

1. Tengo una reserva.
2. ¿Su nombre, por favor?
3. ¿Tiene el pasaporte?
4. Aquí tiene mi pasaporte.
5. ¿Tiene equipaje?
6. Me quedo una noche.

equipaje = Gepäck

2 Welche Antwort passt?

Hier macht nur eine Antwort Sinn. Wissen Sie, welche?

1. ¿Tiene una reserva?
   a. Sí, está bien.
   b. Sí, aquí tiene.

2. ¿Es para dos noches?
   a. Sí, así es.
   b. Aquí tiene la llave.

3. ¿Tienen equipaje?
   a. No, no tenemos equipaje.
   b. Encantado.

4. ¿Hay una habitación libre?
   a. ¡Buenas noches!
   b. Sí, pero solo una suite.

3 Einfach formulieren

Sie tauchen nachts in einem Hotel auf und müssen
auf Spanisch formulieren, …

1. dass Sie ein Einzelzimmer für zwei Nächte brauchen
2. dass Sie eine Reservierung für ein Doppelzimmer haben
3. dass Sie ein Zimmer mit Doppelbett möchten
4. dass Sie einen Voucher für die Reservierung haben
5. dass Sie das Zimmer mit Frühstück möchten
6. dass Sie vier Nächte bleiben

4 Bitte einsetzen

Setzen Sie die vorgegebenen Wörter in den Beispielsatz ein.

Nos quedamos **una noche**, salimos el **lunes**.

1. una noche – lunes
2. dos noches – martes
3. tres noches – miércoles
4. cuatro noches – jueves
5. cinco noches – viernes
6. seis noches – sábado
7. siete noches – domingo

Welches Zimmer?
una habitación
ein Zimmer

que dé a la calle
das zur Straße hin liegt

que dé a la playa
das zum Strand hin liegt

con vistas al mar
mit Meerblick

Steigerung von Adjektiven
grande → más grande
groß → größer

tranquilo → más tranquilo
ruhig → ruhiger

Was nicht funktioniert ...
... no funciona
... funktioniert nicht

el aire acondicionado
die Klimaanlage

el ascensor
der Lift

la ducha
die Dusche

el secador de pelo
der Föhn

Was man so braucht
¿Podría traerme ..., por favor?
Könnten Sie mir bitte ... bringen?

una toalla
ein Handtuch

un vaso
ein Glas

papel higiénico
Toilettenpapier

un cobertor/una manta
eine Decke

una almohada
ein Kissen

No me gusta la habitación.

Hören Sie sich den folgenden Dialog an. 28

- ● Recepción, buenas tardes.
- ■ Buenas tardes. Llamo de la habitación 25 (veinticinco).
- ● ¿En qué puedo ayudarle?
- ■ Lo siento pero no me gusta la habitación.
  ¿No tienen una más grande y más tranquila que no dé a la calle?
- ● Lo siento mucho pero el hotel hoy está completo.
  Mañana se queda libre una habitación con vistas al mar.
- ■ Muy bien, pero hay otro problema.
- ● Dígame.
- ■ La ducha no funciona y no hay agua caliente.
  Además la ventana no cierra.
- ● ¡Dios mío! No se preocupe que ahora mismo le mando a alguien.
- ■ Gracias, ¿y podría traerme otra almohada, por favor?
- ● Por supuesto. Buenas tardes.
- ■ Buenas tardes.

Worauf es ankommt

Mir gefällt ...
1. Person Einzahl: me gusta *(mir gefällt/ich mag)*,
1. Person Mehrzahl: nos gusta *(uns gefällt/wir mögen)*

Es gibt ...
Heißt: Hay ..., z. B. ¿Hay agua caliente? *(Gibt es heißes Wasser?)*
No, hay solo agua fría. *(Nein, es gibt nur kaltes Wasser.)*

Zeitangaben
Hier sind einige wichtige: hoy *(heute)*, mañana *(morgen)*, ayer *(gestern)*, anoche *(gestern Abend/Nacht)*, ahora *(jetzt)*, esta mañana *(heute Morgen)*, esta tarde *(heute Nachmittag/Abend)* und esta noche *(heute Abend/Nacht)*.

Ein bisschen Grammatik

Verben werden mit no *(nicht)* verneint: soy *(ich bin)* → no soy *(ich bin nicht)*, funciona *([es] funktioniert)* → no funciona *([es] funktioniert nicht)*, z. B. el aire acondicionado no funciona *(die Klimaanlage funktioniert nicht)*. Ebenso: me gusta *(mir gefällt)* → no me gusta *(mir gefällt nicht)*

Übungen

① Verständnis und Aussprache

Verstehen Sie alle Sätze? Wenn ja, dann bitte nachsprechen. 29

1. ¿En qué puedo ayudarle?
2. La habitación no me gusta.
3. Hoy está todo ocupado.
4. El televisor no funciona.
5. ¡No se preocupe!

② Bitte verneinen Sie

Können Sie sich an die Verneinung der Verben erinnern?

1. El ascensor funciona.
2. La habitación me gusta.
3. Hay una habitación más tranquila.
4. La ventana cierra.
5. El hotel está completo.
6. ¿Tiene una habitación que dé a la calle?

③ Hören und verstehen

Achten Sie bei diesem Hörtext wieder genau auf 30 alle Informationen und ergänzen Sie die Aussagen bzw. beantworten Sie die Frage.

1. A Miguel no le gusta …
   - a. el hotel
   - b. la habitación
2. Quiere una …
   - a. más grande
   - b. más tranquila
3. En el baño no funciona …
   - a. la ducha
   - b. el secador de pelo
4. ¿Hay agua caliente?
   - a. Sí, hay agua caliente.
   - b. No, hay solo agua fría.

④ Welche Antwort passt?

Hier macht nur eine Antwort Sinn. Wissen Sie, welche?

1. ¿Hay otra habitación libre?
   - a. Disculpe señora.
   - b. Sí, pero no tiene balcón.
2. ¿Dónde está el ascensor?
   - a. Aquí, pero no funciona.
   - b. Aquí tiene la toalla.
3. ¿Me podría dar un cobertor?
   - a. Buenas tardes.
   - b. Sí, claro.

Das Wichtigste auf einen Blick

Allgemeines ▶ 31

¿Tiene(n) ...?
Haben Sie ...?

¿Hay ...?
Gibt es ...?

¿Qué desea?
Was wünschen Sie?

¿Qué hay?
Was gibt es? / Was ist los?

Pech gehabt

El hotel está completo.
Das Hotel ist belegt.

No hay habitaciones libres.
Es ist alles ausgebucht.

Wie lange man bleibt

Me quedo/Nos quedamos ...	Ich bleibe/Wir bleiben ...
una noche	eine Nacht
dos/tres/cuatro noches	zwei/drei/vier Nächte

Was nicht funktioniert ...

... no funciona	... funktioniert nicht
el aire acondicionado	die Klimaanlage
la ducha	die Dusche
el enchufe	die Steckdose
la luz	das Licht
el ventilador	der Ventilator
la calefacción	die Heizung
la cisterna	die Wasserspülung
el váter	die Toilette
el televisor	das Fernsehen
el desagüe	der Abfluss
... está atascado	... ist verstopft
la ventana / la puerta	das Fenster / die Tür
... no cierra bien	... schließt nicht gut
... no se abre	... geht nicht auf

Auschecken

Salgo. / Salimos.	Ich checke/Wir checken aus.
¿Puede preparar la cuenta, por favor?	Können Sie bitte die Rechnung vorbereiten?
Pago ...	Ich zahle ...
con tarjeta de crédito	mit Kreditkarte
al contado	in bar
¿Puede firmar aquí, por favor?	Können Sie bitte hier unterschreiben?

Camping

¿Podemos acampar en su parcela/terreno?	Können wir auf Ihrem Grundstück campen?
¿Hay todavía sitio para ...?	Haben Sie noch Platz für ...?
¿Cuánto se paga por ...?	Was bezahlt man für ...?
un coche con remolque	ein Auto mit Wohnwagen
una autocaravana	ein Wohnmobil
una tienda de campaña	ein Zelt
una persona	eine Person
dos/tres/cuatro personas	zwei/drei/vier Personen

Unterkunft

5

¿Vosotros sabíais?

Statt auf Massentourismus setzt man in einigen Regionen des Landes heute viel mehr auf die Qualität des Angebots als auf die Quantität der Besucher. In diesem Geiste findet seit einigen Jahren eine Entwicklung in Richtung alternativem Tourismus statt, bei dem z. B. Bauernhöfe in sogenannte *hoteles rurales* oder *agro-hoteles* umgebaut werden, aber auch ehemalige Schlösser und Burgen in Luxushotels namens *paradores*.

Ausfüllen, bitte!

In der Regel müssen Sie an der Rezeption ein Anmeldeformular ausfüllen und unterschreiben. Hier also etwas Vokabular, um ein solches Formular zu verstehen: *letras mayúsculas* (Großbuchstaben), *apellido* (Nachname), *nombre* (Vorname, Name), *dirección del domicilio* (Adresse), *fecha de entrada* (Ankunftsdatum), *número de noches* (Anzahl der Nächte). Außerdem: *Firme aquí, por favor.* (Unterschreiben Sie bitte hier.)

Camping

Mit über 500 Campingplätzen kann Spanien durchaus als Paradies für einen Urlaub mit Zelt, Wohnwagen oder Wohnmobil angesehen werden. Doch auch hier gilt, dass gerade im Hochsommer die Plätze häufig bis auf den letzten Quadratmeter belegt sind, nicht zuletzt, weil auch viele Spanier den Campingurlaub dem im Hotel vorziehen. Übrigens: Wildes Campen ist nicht zu empfehlen und steht vielerorts sogar unter Strafe. Wer dagegen auf einem Privatgrundstück kampieren möchte, sollte unbedingt um die Erlaubnis des Besitzers bitten: *¿Podemos acampar en su parcela/terreno?* (Können wir auf Ihrem Grundstück campen?)

Sevilla – Die Perle des Südens

¡No se lo pierda! – Sehenswertes

Sevilla kann getrost als das kulturelle Zentrum Südspaniens bezeichnet werden. Touristen zieht es wegen der Flamencoshows und Stierkämpfe in der riesigen *Plaza de Toros* hierher. Doch die Hauptstadt Andalusiens hat auch jenseits der Folklore einiges zu bieten. Wandeln Sie auf den Spuren der Almohaden – der muslimischen Eroberer, die die Stadt zwischen 712 und 1248 beherrschten – inmitten des immer noch an eine nordafrikanische Kasbah erinnernden *Barrio de Santa Cruz*. Das orientalische Flair erahnt man selbst noch in der gewaltigen Kathedrale, deren Fundamente auf einer ehemaligen Moschee stehen. Von hier ist es nur noch ein Steinwurf zur *Torre del Oro*, einem alten almohadischen Wachturm am Ufer des *Guadalquivir*-Flusses, der gegen Abend ins Rot der untergehenden Sonne getaucht wird.

¡Que aproveche! – Regionale Spezialitäten

Sevilla gilt in Spanien als die Kapitale der *tapas* und tatsächlich ist das Angebot in den *bodegas* der Altstadt und im *Barrio de Santa Cruz* gewaltig. Probieren Sie unbedingt den *Bellota*-Schinken von schwarzen Schweinen, die eigentlich aus *Málaga* stammenden *pescaítos fritos* (frittierte Fische), den allseits beliebten *montadito de pringá* (Fleischpastete auf gerösteten Brotscheiben) oder die aus *Córdoba* „importierte", *salmorejo* genannte Suppe, die ähnlich dem *gazpacho* ist, dabei aber dicker und mit Schinken und Ei serviert wird. Und zum Trinken? Nun, in *Sevilla* ist aufgrund der oftmals drückenden Sommerhitze ein kühles Bier oder ein leichter Weißwein das beliebteste „Nationalgetränk" zum Aperitif.

Para especialistas – Geheimtipps

Auf der westlichen Seite des *Guadalquivir* liegt das populäre Viertel *Triana*, das die Einheimischen v. a. wegen seiner einfachen Fischlokale – z. B. in der *Calle Betis* – schätzen. Ausspannen kann man besonders gut im *Parque de María Luisa* im Süden der Stadt, allerdings sollte man hier keinesfalls die *Plaza de España* verpassen, auf der 50 eindrucksvolle Kachelbilder die Geschichte Spaniens versinnbildlichen.

In der Bar – En el bar

6

Trockene Kehlen?

In Spanien finden sich praktisch an jeder Ecke Bars, in denen man Kaffee, Tee, Erfrischungs- und alkoholische Getränke sowie kleine Gerichte bekommt. Für viele Spanier ist die Bar eine Art erweitertes Wohnzimmer, wo man nicht selten mehrmals am Tag auf einen Espresso, eine Erfrischung oder einen Drink einkehrt und einen kleinen Plausch hält. Folgende Getränke dürften Sie kennen, fallen Ihnen noch andere ein?

1. una cerveza
2. un café (solo)
3. un café con leche
4. un capuchino
5. un té
6. un vino blanco
7. un vino tinto
8. un agua con gas

Was Sie in dieser Lektion lernen:
- wie man etwas in einer Bar bestellt.
- wie man fragt, was man unternehmen kann.
- wie man sagt, dass einem etwas (nicht) gefällt.
- wie man den Weg beschreibt.

Aufgepasst!
In Spanien versteht man in der Regel unter **un café (solo)** das, was man bei uns als Espresso bezeichnet. Ein „normaler" Filterkaffee ist dagegen **un café americano**!

Wünsche usw.

¿Qué quieres tomar?
Was nimmst du?

¿Qué quiere tomar?
Was nehmen Sie?

un café (solo)/dos cafés
ein Kaffee (Espresso)/zwei Kaffee

un café con leche
ein Milchkaffee

un (café) cortado
ein Espresso mit etwas Milch

una leche manchada
ein Espresso mit viel Milch

una copa de …
ein Glas …

vino tinto/blanco
Rotwein / Weißwein

una cerveza
ein Bier

Wo genau?

¿Me puede explicar …?
Können Sie mir … erklären?

seguir todo recto
geradeaus gehen

girar a la derecha/izquierda
nach rechts/links abbiegen

regresar
zurückgehen

dar la vuelta
umkehren

Überqueren

Luego tiene que cruzar …
Dann müssen Sie … überqueren.

la plaza
den Platz

la calle
die Straße

el puente
die Brücke

¿Me puede explicar el camino?

Hören Sie sich den folgenden Dialog an. 32

- Buenos días, ¿qué quiere tomar?
- Buenos días. Querría un café con leche y una tostada con jamón, por favor.
- ¿Algo más?
- No, nada más, gracias. …
- Aquí tiene.
- Gracias. ¿Sabe dónde está la catedral?
- Sí, está muy cerca de aquí.
- ¿Me puede explicar el camino?
- Claro. Tiene que seguir esta calle todo recto hasta el semáforo. Luego la primera a la derecha.
- Gracias. …
- ¿Quiere algo más?
- Un vaso de agua y la cuenta, por favor.

Worauf es ankommt

Bestellungen
Man sagt: Querría …, por favor. (Ich hätte gerne …, bitte.) oder einfach
Para mí …, por favor. (Für mich bitte …), z. B. Querría un café solo, por favor.
(Ich hätte gerne einen Espresso, bitte.)

Nah oder weit …
Cerca (nah) und lejos (weit) werden häufig mit der Präposition de (aus, von)
verwendet: Está cerca de la Plaza del Triunfo. (Es ist in der Nähe der Plaza del
Triunfo.), Está lejos de tu hotel. (Es ist weit von deinem Hotel.) Außerdem:
¿Está lejos a pie? (Ist es weit zu Fuß?)

Links, rechts und geradeaus
Für Wegbeschreibungen benutzt man: (Usted) gira … (Sie biegen … ab.) oder
(Vosotros/-as*) giráis … (Ihr biegt … ab.) in Verbindung mit a la izquierda (nach
links) und a la derecha (nach rechts), auch z. B. la primera a la izquierda (die erste
links), la segunda a la derecha (die zweite rechts) usw. (Usted) sigue todo recto.
(Sie gehen geradeaus.)

Ein bisschen Grammatik

Die meisten Verben enden in der 2. Person Mehrzahl auf -áis, -éis oder
-ís: vosotros/-as* buscáis (ihr sucht), vosotros/-as podéis (ihr könnt),
vosotros/-as discutís (ihr diskutiert).

* auch für „ihr" gibt es eine weibliche Form: vosotras (siehe auch Seite 112).

Übungen

1 Verständnis und Aussprache

Lesen und hören Sie die folgenden Sätze 33
und sprechen Sie sie bitte nach!

1. Querría una copa de vino blanco.
2. Para mí solo un café con leche, por favor.
3. Tiene que seguir todo recto hasta la plaza.
4. Luego gira a la izquierda y cruza el puente.
5. No está muy lejos de mi hotel, ¿verdad?
6. ¡Muchas gracias y buenas noches!

2 Bitte Lücken füllen

Füllen Sie die Lücken mithilfe der fehlenden Wörter.

lejos – derecha – dónde – tomar – copa – cruzar

1. Buenos días, ¿qué quiere _____ ?
2. Querría una _____ de vino tinto, por favor.
3. ¿Sabe _____ está la catedral?
4. Sí, pero está un poco _____ de aquí.
5. Tiene que _____ la Plaza de la Constitución.
6. Y luego tiene que girar a la _____ .

3 Bitte einsetzen

Setzen Sie die Angaben 1-6 in den Mustersatz ein.

Luego tiene que **girar a la derecha**.

1. girar a la derecha
2. cruzar la calle
3. seguir todo recto
4. dar la vuelta ahí
5. girar a la izquierda
6. regresar hasta la plaza

4 Passende Formulierungen

Lesen Sie den Dialog noch einmal und finden Sie
die passenden Formulierungen für die folgenden Situationen.

1. in einer Bar etwas bestellen
2. fragen, was jemand nehmen möchte
3. jemanden fragen, ob er den Weg erklären kann
4. fragen, ob es zur *Plaza de la Catedral* weit ist
5. sagen, dass jemand geradeaus bis zur Ampel gehen muss

> **El bar**
> Die spanische Bar hat nichts mit
> einem Nachtlokal zu tun, sondern
> bezeichnet eine Art Café, in dem man
> wahlweise an Tischen oder an einer
> Theke Platz nimmt. Eine „echte"
> Kneipe nennt man **pub** – jedoch finden
> sich auch noch traditionellere Lokale
> namens **tasca** oder **taberna**.

Langeweile?

¿Sabe si hay ...?
Wissen Sie, ob es ... gibt?

un concierto
ein Konzert

una fiesta
ein Fest

una buena película
einen guten Film

una feria
eine Messe, einen Jahrmarkt

Ideen!

Puede ir ...
Sie können ... gehen.

a la ópera
in die Oper

al teatro
ins Theater

al cine
ins Kino

Vorlieben

¿Qué le/te gusta?
Was gefällt Ihnen/dir?

Me gusta (mucho) ...
Mir gefällt (sehr) ...

bailar
tanzen

el flamenco
der Flamenco

Wie lange unterwegs?

¿Cuánto se tarda?
Wie lange braucht man?

Un cuarto de hora.
Eine Viertelstunde.

Media hora.
Eine halbe Stunde.

Una hora.
Eine Stunde.

(Solo) unos cinco minutos.
(Nur) etwa fünf Minuten.

¿Cuánto se tarda?

Hören Sie sich den folgenden Dialog an. 34

- ● ¿Qué se puede hacer aquí por la noche?
- ■ Bueno, depende. ¿Qué le gusta?
- ● Me gusta bailar. ¿Hay alguna discoteca por aquí?
- ■ Bueno, tiene que caminar un poco o coger el metro, está lejos.
- ● ¿Cuánto se tarda?
- ■ Media hora andando.
- ● No, entonces no ...
- ■ ¿Le gustan las obras de teatro?
- ● No, no mucho. Prefiero las películas románticas.
- ■ Pues mañana empieza el festival de cine.
- ● ¡Fantástico! ... Bueno, ¿hay un cine por aquí?
- ■ Sí, ¡claro! Hay uno muy grande justo enfrente del hotel.
- ● Gracias.

Worauf es ankommt

Programm
Fragen Sie: ¿Qué se puede hacer aquí por la noche? *(Was kann man hier abends machen?)* oder konkreter: ¿Dónde hay ... por aquí? *(Wo gibt es hier ...?)*, z. B. una discoteca *(eine Disko)*, un bar *(eine Bar)*, un pub *(eine Kneipe)*, un restaurante *(ein Restaurant)* usw.

Einiges geboten
Man antwortet Ihnen wahrscheinlich: Hoy hay ... *(Heute gibt es ...)*, Aquí hay ... *(Hier gibt es ...)*, (Usted) puede visitar ... *(Sie können ... besuchen.)*

Wie es euch gefällt
Prägen Sie sich neben Me gusta ... *(Mir gefällt ...)* auch Me gustan ... *(Mir gefallen ...)* bzw. Nos gustan ... *(Uns gefallen ...)* ein: Me gustan los locales tranquilos. *(Mir gefallen ruhige Lokale.)*, Nos gustan las fiestas tradicionales. *(Uns gefallen traditionelle Feste.)*

Ein bisschen Grammatik

Eigenschaftswörter verändern sich in der Mehrzahl wie Hauptwörter:
el local tranquilo *(das ruhige Lokal)* → los locales tranquilos *(die ruhigen Lokale)*, la película romántica *(der romantische Film)* → las películas románticas *(die romantischen Filme)*

Übungen

1 Verständnis und Aussprache

Sind die Sätze klar? Dann macht es sicher keine Probleme, 35
sie nachzusprechen, oder?

1. ¿Sabe dónde hay una discoteca por aquí?
2. Sí, hay una en el centro, en la Avenida de España.
3. ¿Qué se puede hacer en Madrid?
4. No me gusta mucho bailar.
5. ¿Le gustan las fiestas?

2 Bitte vervollständigen

Können Sie diese Sätze vervollständigen?

prefiero – obras – por – empieza – claro – bailar

1. Hola, ¿hay una tasca _____ aquí?
2. Sí, ¡_____! Está justo enfrente del hotel.
3. Bueno, depende. No me gusta mucho _____.
4. _____ las películas románticas.
5. Mañana _____ el festival de teatro.
6. ¡Fantástico! Me gustan las _____ de teatro.

3 Hören und verstehen

Lauschen Sie dem Text und beantworten Sie dazu bitte 36
folgende Fragen bzw. ergänzen Sie den Satz.

1. ¿Qué quiere tomar Alberto?
    a. Un café con leche.
    b. Un café solo.

2. ¿Le gusta bailar?
    a. Sí, le gusta bailar.
    b. No, no le gusta bailar.

3. La discoteca está …
    a. lejos
    b. cerca

4 Bitte zuordnen

Ordnen Sie jeder Frage eine logische Antwort zu.

1. ¿Dónde está el cine?
2. ¿Está lejos a pie?
3. ¿Cuánto se tarda?
4. ¿Está cerca de la Catedral?
5. ¿La primera a la derecha?
6. ¿Puedo coger el metro?

a. Sí, muy cerca.
b. Sí, la estación está allí.
c. No, está cerca.
d. No, la segunda.
e. Está en la Plaza del Parque.
f. Solo unos diez minutos.

Das Wichtigste auf einen Blick

Vorlieben  ▶ 37

¿Qué le/te gusta?
Was gefällt Ihnen/dir?

Me gusta (mucho) …
Mir gefällt (sehr) …

la música clásica
klassische Musik

el jazz
Jazz

la música rock
Rockmusik

bailar
tanzen

el cine
Kino

Me gustan …
Mir gefallen …

los locales tranquilos
ruhige Lokale

las fiestas tradicionales
traditionelle Feste

Bezahlen

La cuenta, por favor.
Die Rechnung, bitte.

¿Cuánto es?
Was macht das?

Yo pago …
Ich zahle …

¡Yo invito!
Ich lade ein!

Bestellungen

Querría …, por favor.	Ich hätte gerne …, bitte.
Para mí …, por favor.	Für mich bitte …
un café (solo)	einen Kaffee (Espresso)
un café con leche	einen Milchkaffee
una cerveza/una caña	ein Bier/ein gezapftes Bier
una copa de …	ein Glas …
vino tinto/blanco	Rotwein/Weißwein

Programm?

¿Qué se puede hacer aquí?	Was kann man hier machen?
¿Dónde hay …?	Wo gibt es …?
una discoteca	eine Disko
un cine	ein Kino
un teatro	ein Theater
¿Sabe si hay …?	Wissen Sie, ob es … gibt?
un concierto	ein Konzert
una fiesta	ein Fest
un festival	ein Festival

Wo ist was?

¿Dónde está el museo?	Wo ist das Museum?
En la plaza …	Am … -Platz.
En la calle …	In der … -Straße.

Wo genau?

¿Me puede explicar …?	Können Sie mir … erklären?
Está delante (de) …	Es ist vor …
Está al lado (de) …	Es ist neben …
del museo	dem Museum
de la iglesia	der Kirche

Wie komme ich hin?

¿Cómo llego a …?	Wie komme ich zu/nach …?
Tiene que girar …	Sie müssen … abbiegen.
a la derecha/izquierda	nach rechts/links
Tiene que …	Sie müssen …
regresar/dar la vuelta	zurückgehen/umkehren
Está cerca/lejos.	Es ist in der Nähe/weit.
Tiene que seguir todo recto.	Sie müssen geradeaus gehen.
(Usted) cruza …	Sie überqueren …
la plaza	den Platz
la calle	die Straße

In der Bar

Típicamente español

Wer sich mit spanischen Freunden oder Bekannten verabreden möchte, sollte den Terminkalender getrost stecken lassen, denn dieser ist für Geschäftstermine reserviert. Private Treffen werden nicht groß geplant, sondern man ist flexibel und improvisiert. Ein *a ver si nos tomamos un café mañana* (lass uns vielleicht mal morgen einen Kaffee trinken gehen) ist weit häufiger zu hören als ein fest ausgemachter Termin.

¿Vosotros sabíais?

Zu den beliebtesten Kaffeevarianten in Spanien gehören: *café solo* (einfacher Espresso), *café cortado* (Espresso mit etwas Milch), *café con leche* (Milchkaffee), *leche manchada* (Espresso mit viel Milch), *café crema* oder *capuchino* (Espresso mit Sahne oder geschäumter Milch) und *carajillo* (Espresso mit einem Schuss Alkohol wie Rum oder Brandy). Man bestellt seinen Kaffee *en taza* (in der Tasse) oder *en vaso* (im Glas), je nach persönlicher Vorliebe. Übrigens werden die Varianten mit Milch in Spanien selten nach dem Essen getrunken. Wer Filterkaffee möchte, bestellt einen *café americano* und entkoffeinierter Kaffee heißt *café descafeinado*.

Ansonsten gibt es in den Bars

Zum Trinken: *vino blanco* (Weißwein), *vino tinto* (Rotwein) oder *vino rosado* (Rosé), und zwar in *una copa* (ein Weinglas) oder *un chato* (ein flaches Glas), außerdem *aperitivo* (Aperitif), *té* (Tee), *tisana* (Kräutertee) und natürlich jede Menge *refrescos* (Erfrischungsgetränke) und *zumos* (Säfte). Zum Essen: *caracola* (Teigschnecke), *cruasán* (Hörnchen), *tapas* (kleine Häppchen), *helado* (Eis), *sándwich* oder *bocadillo* (belegtes Brötchen), z. B. *de queso* (mit Käse), *de jamón* (mit Schinken), *de chorizo* (mit scharfer Paprikawurst) oder *de lomo* (mit Schweinelende), *tostada* (Toastsandwich) oder *ensalada* (Salat).

Galicia – Der grüne Norden

¡No se lo pierda! – Sehenswertes

Ob man Galicien zu Fuß auf dem Jakobsweg durch-
quert oder „konventionell", den Besuch der gewaltigen Kathedrale von *Santiago de Compostela* mit
dem riesigen, *botafumeiro* genannten Weihrauch-
kessel sollte man auf keinen Fall verpassen. Doch
Galicia hat nicht nur dem devoten Wanderer etwas
zu bieten. Highlights sind z. B. die Seepromenade
von *A Coruña*, an der sich der Herkulesturm, der
älteste Leuchtturm der Welt, befindet. Faszinierend
ist außerdem die Altstadt von *Lugo*, die noch zur
Gänze von der historischen Stadtmauer einge-
schlossen ist.

¡Que aproveche! – Regionale Spezialitäten

Die galicische Küche ist einfach und schmackhaft
mit herzhaften Suppen wie dem *caldo gallego* (aus
weißen Bohnen und Steckrübenblättern), aber
durch die Nähe zum Meer überrascht es nicht, dass
die Galicier auch reichlich Fisch und Meeresfrüchte verarbeiten. Zu den Spezialitäten zählen der
pulpo a feira (gegarter Oktopus), *vieiras a la gallega*
(Jakobsmuscheln in der Schale), *berberechos a la
marinera* (Herzmuscheln in einer Zwiebelsauce)
oder *xoubas con cachelos* (Sardinen mit Kartoffeln).
Für eine Stärkung zwischendurch empfehlen sich
empanadas (typische Teigpasteten).

Para especialistas – Geheimtipps

Ein besonderes Erlebnis ist ein Besuch des Nationalparks der vorgelagerten Inseln *Ons*, *Sálvora* und
Cortegada. Hier hat man die Wahl zwischen feinen
Sandstränden und schroffen Steilküsten. Ein weiteres Highlight ist die sogenannte *Ribeira Sacra*
zwischen *Ourense* und *Lugo*, dem tief eingeschnit-
tenen Tal des *Miño*-Flusses, an dem sich steile
Schluchten und sanfte Hänge abwechseln.

TEST 1

1 Welche Antwort stimmt?

Können Sie sich noch an alle Informationen zur Landeskunde erinnern?
Na dann kreuzen Sie sicher die richtige Aussage an.

1. Mit Spanisch haben Sie ca. …
   Gesprächspartner.

   a. 4,5 Millionen
   b. 45 Millionen
   c. 450 Millionen

2. Zugfahrten durch Spanien …

   a. sind für EU-Bürger um die Hälfte
      ermäßigt
   b. sind in der Regel praktisch und günstig
   c. sind für Normalsterbliche unbezahlbar

3. Als *paradores* bezeichnet man …

   a. Luxushotels in ehemaligen Schlössern
      und Burgen
   b. Teilnehmer der religiösen Paraden
      zu Ostern
   c. nur die besten Fallschirmspringer
      des Landes

4. Bei der Hotelsuche vor Ort hilft …

   a. die deutsche Botschaft in Madrid
   b. die regionalen Fremdenverkehrsämter
   c. meist nur der Taxifahrer

5. Man küsst zur Begrüßung …

   a. nur Personen, die jünger als man selbst sind
   b. einfach alle Unbekannten
   c. Bekannte, Verwandte und Freunde

6. Verabredungen mit spanischen Freunden
   und Bekannten …

   a. müssen lange im Voraus geplant werden
   b. finden meist spontan und ungezwungen statt
   c. gestalten sich durch die Sprachprobleme
      häufig schwierig

2 Fragen und Antworten

Sicherlich haben Sie die letzten sechs Lektionen aufmerksam bearbeitet und machen
folglich diese Übung im Handumdrehen. Welche Antwort passt zu welcher Frage?

1. ¿Cómo estás?
2. ¿Le gusta la habitación?
3. ¿Tiene una reserva?
4. ¿Qué quieres tomar?
5. ¿Cómo se llama tu amigo?
6. ¿Tienes hijos?
7. ¿Está lejos de aquí?
8. ¿Está aquí para hacer turismo?

a. Sí, tengo un hijo y una hija.
b. No, vivo cerca de aquí.
c. Se llama Francisco.
d. Querría un café solo.
e. Sí, aquí tiene el comprobante.
f. Muy bien, gracias.
g. No, ¿no hay una más tranquila?
h. No, está muy cerca.

TEST 1

3 **Fit für den „Ernstfall"?**

Wiederholen Sie die Gesprächssituationen aus den vergangenen Lektionen, indem Sie selbst mit einem fiktiven Gesprächspartner eine Unterhaltung zu den folgenden Themen führen. Die angegebenen Satzfragmente und Floskeln sollten nur als Richtlinie dienen. Improvisieren ist angesagt!

1. Sie treffen Ihren Bekannten Herrn Martínez.

   ● Buenos días, señor …
   ■ Muy … ¿Y usted?
   ● Estoy …, gracias. Le presento a …
   ■ Adiós y …

2. Sie halten einen Plausch mit einem/einer Fremden.

   ● Usted no es español/a, ¿verdad?
   ■ No, soy …, de … ¿Y usted?
   ● … ¿En qué trabaja?
   ■ Soy … ¿Usted está casado/-a?

3. Sie rufen bei einem Hotel zwecks Zimmerreservierung an.

   ● Buenas tardes, hotel …, ¿puedo ayudarle?
   ■ ¿Tiene una habitación … libre para …?
   ● Sí, no hay problema, ¿a qué nombre?
   ■ Me llamo … ¿Puede enviarme la confirmación, por favor? …

4. Sie sitzen im Zug und erkundigen sich beim Schaffner.

   ● …, ¿a qué hora llegamos a …?
   ■ Llevamos … minutos de retraso. El tren llega a las …
   ● ¿A qué hora y de dónde sale el tren para …?
   ■ … sale a las …, del andén …

5. Ihre Freundin Carolina läuft Ihnen zufällig über den Weg.

   ● Hola, Carolina, ¿cómo …?
   ■ … Te presento …
   ● … ¿es español?
   ■ … ¡Hasta luego!

6. Sie erkundigen sich an der Hotelrezeption.

   ● … ¿Qué se puede hacer aquí por la noche?
   ■ Bueno, depende. Hay … y si le gusta bailar, hay …
   ● Prefiero … ¿No hay …?
   ■ Sí, ¡claro! Hay uno/-a en la calle …

4 **Und jetzt noch schnell auf Spanisch!**

Bis hier hat sicherlich alles gut geklappt, oder? Wenn Sie jetzt noch diese Sätze auf Spanisch wiedergeben können, sind Sie reif für die nächste Lektion.

1. Wie viel Uhr ist es?
2. Gute Reise!
3. Keine Sorge!
4. Bis zum nächsten Mal!
5. Ich hätte gerne einen Milchkaffee.
6. Ich suche ein Hotel.
7. Sehr erfreut.
8. Wo ist die Touristeninformation?

Im Restaurant –
En el restaurante

Und was ist Ihr Leibgericht?

Die spanische Küche erfreut sich auch in unseren Breiten zunehmender Beliebtheit. Kennen Sie die folgenden *tapas?* Welche sind auf dem Foto abgebildet?

1. flan
2. aceitunas
3. paella
4. jamón serrano
5. queso manchego
6. tortilla

Was Sie in dieser Lektion lernen:
- wie man sich nach dem Essen erkundigt und etwas in einem Restaurant bestellt.
- wie man um eine Empfehlung bittet.
- wie man sagt, dass man etwas anderes bestellt hat.
- wie man um die Rechnung bittet.

¿Cocina española?
Von nur einer spanischen Küche zu sprechen, wäre eine maßlose Untertreibung. Jede Region des Landes hat ihre eigenen Rezepte und Spezialitäten, von denen viele bei uns noch relativ unbekannt sind.

Bestellen

Sonderwünsche

Betonung

Meist auf der vorletzten Silbe: mesa (Tisch), libre (frei); sonst auf der Silbe, die einen Akzent trägt: está (ist), buenísimo (sehr gut).

Queremos tomar algo típico.

Hören Sie sich den folgenden Dialog an. ▶ 38

- Buenas tardes, ¿tienen mesa para dos personas?
- Sí, ¿está bien aquí?
- Sí, gracias.

…

- Aquí tienen la carta.
- Queremos tomar algo típico. ¿Qué nos recomienda?
- De primero tenemos un gazpacho buenísimo.
- ¿Tiene carne el gazpacho? Es que soy vegetariana.
- No, no. El gazpacho no lleva carne, solo verdura.
- Entonces tomo gazpacho.
- Yo tomo una ensalada de atún.
- ¿Y para beber?
- Una botella de agua mineral, por favor.
- Enseguida.

Worauf es ankommt

Wo ist Platz?
Nach einem Tisch fragen: ¿Tienen mesa para …? *(Haben Sie einen Tisch für …?)*
Schon reserviert: He reservado una mesa a nombre de … *(Ich habe einen Tisch auf den Namen … reserviert.)*

Empfehlungen
Frage: ¿Qué me/nos recomienda? oder ¿Qué me/nos aconseja? *(Was empfehlen Sie mir/uns?)* Als Antwort: Le/Les recomiendo … oder Le/Les aconsejo … *(Ich empfehle Ihnen …)*

Bestellungen
Der Kellner fragt: ¿Qué desea? *(Was wünschen Sie?)* Sie antworten: Tomo/Tomamos … *(Ich nehme/Wir nehmen …)* bzw. Para mí/nosostros … *(Für mich/uns …)*

Ein bisschen Grammatik

Man bildet die höchste Steigerungsform von Eigenschaftswörtern, indem man die Endung –ísimo anhängt.

bello → bellísimo	schön → sehr schön
bueno → buenísimo	gut → sehr gut
caro → carísimo	teuer → sehr teuer

Übungen

1 Verständnis und Aussprache

Verstehen Sie die Sätze dieser Übung? Dann sprechen Sie sie bitte nach! 39

1. ¿Tienen mesa para tres personas?
2. ¿Puede traer la carta?
3. ¿Qué nos aconseja?
4. La especialidad de la casa es el gazpacho.
5. Y para beber una botella de vino tinto.

2 Welche Antwort passt?

Hier macht nur eine Antwort Sinn. Wissen Sie, welche?

1. ¿Quieren pedir?
   a. Sí, soy vegetariano.
   b. Sí, para mí la paella.

2. ¿Qué vino nos aconseja?
   a. El tinto de la casa.
   b. Bien.

3. ¿Está picante?
   a. No, no mucho.
   b. Enseguida.

3 Hören und verstehen

Hören Sie sich den Text an und ergänzen Sie die Aussage 40
bzw. beantworten Sie die Fragen.

1. Ana quiere una mesa para …
   a. una persona
   b. dos personas

2. ¿Qué quiere de entrante?
   a. Un salmorejo.
   b. Una ensalada.

3. ¿Y para beber?
   a. Una copa de vino blanco.
   b. Una copa de vino tinto.

4 Was passt zueinander?

Finden Sie die deutsche Entsprechung jedes spanischen Satzes?

1. Querría …
2. La mesa está libre.
3. Aquí tiene la carta.
4. ¿Qué desea?
5. ¿Qué me recomienda?
6. Soy vegetariano.

a. Was empfehlen Sie mir?
b. Ich bin Vegetarier.
c. Was wünschen Sie?
d. Ich hätte gerne …
e. Hier ist die Karte.
f. Der Tisch ist frei.

Was man haben möchte …

¿Qué tienen de postre?
Was haben Sie als Nachtisch?

¿Nos puede traer …?
Können Sie uns … bringen?

más pan
mehr Brot

una botella de agua
eine Flasche Wasser

agua sin gas
stilles Wasser

agua con gas
Sprudelwasser

sal
Salz

pimienta
Pfeffer

aceite
Öl

vinagre
Essig

palillos
Zahnstocher

una servilleta
eine Serviette

el postre
den Nachtisch

Probleme?

Está demasiado picante.
Es ist zu scharf.

Está demasiado salado.
Es ist versalzen.

Está frío.
Es ist kalt.

Herr Ober!

¡Camarero!
Herr Ober!

¡Señorita!
Fräulein!

¿Te gusta el gazpacho?

Hören Sie sich den folgenden Dialog an. 41

- Aquí tiene.
- Pero … ¿esto qué es?
- Caldereta de ternera y ensalada de atún.
- Eso no es lo que he pedido. Yo he pedido gazpacho.
- ¿Y la ensalada?
- Sí, la ensalada está bien.
- Un momento, por favor.

…

- ▲ ¿Te gusta el gazpacho?
- Sí, me gusta mucho.
- ▲ ¿Quieres tomar algo más?
- Sí. Podemos pedir postre, ¿no?
- ▲ Me parece bien. ¡Camarero! ¿Qué tienen de postre?
- Tenemos fruta de temporada, helados y flan de huevo.
- ▲ Para mí un flan.
- Para mí un café solo y la cuenta, por favor.

Worauf es ankommt

Probleme mit der Bestellung?
Das Falsche gebracht: Eso no es lo que he pedido. *(Das ist nicht das, was ich bestellt habe.)*, He pedido … *(Ich habe … bestellt.)*

Zahlen, bitte!
La cuenta, por favor. *(Die Rechnung, bitte.)* oder Me cobra, por favor. *(Zahlen, bitte.)*

Um Rat bitten
Wichtige Fragen sind: ¿Qué es …? *(Was ist …?)*, ¿Cuál es …? *(Welche/r ist …?)* und ¿Tienen …? *(Haben Sie …?)*

Ein bisschen Grammatik

Die Objektpronomen (im Akkusativ und Dativ) kennen jeweils eine betonte (z. B. mit Präpositionen) und eine unbetonte (z. B. mit Verben) Form.

para mí	für mich *(betont)*
me parece …	es scheint mir *(unbetont)*
para ti	für dich *(betont)*
te gusta	dir gefällt *(unbetont)*

Übungen

1 Verständnis und Aussprache

Alles verstanden? Dann bitte wieder nachsprechen! 42

1. Aquí tiene las tapas y el vino rosado.
2. ¿Qué es eso? – Jamón serrano.
3. Eso no es lo que he pedido.
4. ¿Cuál es la especialidad de la casa?
5. Aquí la carne es muy buena.
6. La cuenta, por favor.

2 Welches Personalpronomen passt?

Hier macht nur ein Wort Sinn. Wissen Sie, welches?

1. Para _____ una ensalada.   a. me   b. mí
2. ¿_____ gusta el gazpacho?   a. ti   b. te
3. ¿_____ puede traer los postres?   a. nos   b. nosotros
4. ¿Y un vino tinto para _____?   a. te   b. ti

3 Fragen und antworten

Spielen Sie das Kunde-Ober-Spiel, indem Sie
die Wörter 1–6 in den Beispielsatz einsetzen.

¿Tienen **vino de la casa**? –
Sí, tenemos **vino blanco y tinto**.

1. vino de la casa – vino blanco y tinto
2. agua mineral – agua con gas y sin gas
3. sal – sal y pimienta
4. aceite – aceite y vinagre
5. postre – postre y café
6. flan – flan, fruta y helados

4 Können Sie's übersetzen?

Können Sie diese deutschen Sätze
auch auf Spanisch wiedergeben?

1. Und wie ist das Fleisch?
2. Es schmeckt mir sehr.
3. Und das Restaurant gefällt mir auch sehr.
4. Wünschen Sie einen Nachtisch?
5. Nein danke, ich nehme nur einen Kaffee.
6. Herr Ober, die Rechnung, bitte!

Das Wichtigste auf einen Blick

Reserviert? ▶ 43

Hemos reservado
una mesa.
Wir haben einen
Tisch reserviert.

¿A qué nombre?
Auf welchen Namen?

¿Para cuántas personas?
Für wie viele Personen?

Sonstiges

Disculpe, ¿dónde está el baño?
Verzeihung, wo ist die Toilette?

Al fondo a la derecha/izquierda.
Hinten rechts/links.

Bestellen

¿Puede traer la carta?	Können Sie (mir/uns) die Karte bringen?
Querría pedir …	Ich würde gerne … bestellen.
Querríamos pedir …	Wir würden gerne … bestellen.
de entrante	als Vorspeise
de primero	als ersten Gang
de segundo	als zweiten Gang
de postre	als Nachtisch
Querría/Quisiera …	Ich hätte gerne …
Para mí …	Für mich …
La especialidad de la casa es …	Die Spezialität des Hauses ist …

Sonderwünsche

¿Qué vino me aconseja?	Welchen Wein empfehlen Sie mir?
¿Qué plato nos aconseja?	Welches Gericht empfehlen Sie uns?
¿Está picante?	Ist es scharf?
Soy vegetariano/-a.	Ich bin Vegetarier/in.
Soy alérgico/-a a la leche.	Ich bin auf Milch allergisch.

Was man so braucht …

¿Qué tienen de postre?	Was haben Sie als Nachtisch?
¿Nos puede traer … ?	Können Sie uns … bringen?
más pan	mehr Brot
una botella de agua sin gas	eine Flasche stilles Wasser
una botella de agua con gas	eine Flasche Sprudelwasser
sal	Salz
pimienta	Pfeffer
aceite	Öl
vinagre	Essig
un cuchillo	ein Messer
un tenedor	eine Gabel
una cuchara	einen Löffel
unos palillos (de dientes)	ein paar Zahnstocher
una servilleta	eine Serviette
un café	einen Kaffee
el postre	den Nachtisch

Probleme?

Está demasiado picante/salado.	Es ist zu scharf/versalzen.
Está frío.	Es ist kalt.

Essen & Trinken

7

¿Vosotros sabíais?

Wer typisch spanisch und kostengünstig essen möchte, der sollte vornehmlich eine der zahlreichen und äußerst populären *tascas* oder *tabernas* (einfache Gasthäuser) aufsuchen, denn hier gibt es die wirklich authentischen regionalen Spezialitäten, und das oft in Form von angenehm günstigen Mittagsmenüs. In den exklusiveren *restaurantes* bestellt man normalerweise mehrere Gänge, wenn auch kein Kellner die Nase rümpfen wird, wenn man z. B. auf den Fisch oder das Fleisch verzichtet und sich nur auf Vorspeisen und/oder Salat beschränkt. Wirklich typisch spanisch sind natürlich die *tapas*, kleine Häppchen, die sich für die Stärkung zwischendurch, zum Aperitif oder einfach zum Auftakt in eine lange Nacht bestens eignen.

Zahlen, bitte!

In Spanien ist es äußerst unüblich, nach getrennten Rechnungen zu fragen. Hat man mit Freunden oder Bekannten gespeist, wird der Endbetrag in der Regel durch die Anzahl der Gäste geteilt. Und was ist mit dem Trinkgeld? Das lässt man einfach auf dem Tisch zurück (etwa 5–10% des Rechnungsbetrags). Das deutsche „Geben Sie mir auf … heraus" oder „Stimmt so" löst in Spanien meist nur Unverständnis aus.

CARTA

Entrantes

pimientos del piquillo
espárragos
anchoas con pan y tomate

aceitunas
ensaladilla
champiñones rellenos

Primeros

menestra de verduras
revuelto de setas

sopa de picadillo
ensalada de la casa

Segundos

chuletón a la brasa
cordero asado

trucha con jamón
dorada/merluza a la plancha

Postres

helado
crema catalana
tarta

flan
profiteroles
natillas

Frutas

manzana
pera
naranja

piña
melón
sandía

Tapas

albóndigas
boquerones
pulpitos
patatas con mayonesa
serranito

tortilla
montadito
cóctel de mariscos
pinchito de pollo
empanada gallega

(Die Bedeutungen der Gerichte finden Sie im alphabetischen Wortschatz.)

Cataluña – Garantiert ohne Langeweile!

¡No se lo pierda! – Sehenswertes

Die meisten Touristen beschränken sich in Katalonien auf die Hauptstadt *Barcelona* und die *Costa Brava*, doch auch jenseits der pittoresken Fischerdörfchen und reizvollen Buchten hat die Autonome Gemeinschaft *Cataluña* einiges zu bieten. In den Genuss des echten Kataloniens kommt man v. a. in den Provinzstädten wie dem im fruchtbaren Landesinneren gelegenen *Lleida*, dem aus römischer Zeit stammenden *Tarragona* oder dem romantisch ins Tal des *Ter* eingebetteten *Gerona*, die allesamt über eine lange Geschichte verfügen und noch viel Charme ausstrahlen.

¡Que aproveche! – Regionale Spezialitäten

In Katalonien befinden sich einige der namhaftesten Gourmettempel unseres Planeten, doch auch wer mit kleinem Budget reist, muss nicht auf anspruchsvolle Gaumenfreuden verzichten. Das vielleicht bekannteste Aushängeschild der katalanischen Küche ist *alioli*, die Knoblauchpaste, die man in der Regel allseits als Appetithappen mit Brot serviert bekommt. Daneben gibt es deftige Gerichte auf Reis- oder Nudelbasis – v.a. *canelones* und die feinen *fideus* –, Gemüse meist gebraten in Form der typischen *escalivada* oder Pilze, z. B. extravagant als *setas con caracoles* (Pilze mit Schnecken). Über die Grenzen Spaniens bekannt ist die *crema catalana* und zu internationaler Beachtung haben es auch die katalanischen Weine – vorrangig aus dem *Penedès* – sowie der Schaumwein *cava* gebracht.

Para especialistas – Geheimtipps

Natur pur ist das Motto eines „Streifzugs" durch den äußersten Nordwesten Kataloniens. Hier z. B. im *Parque Nacional de Aigüestortes* ragen die Berggipfel der Pyrenäen hoch in den Himmel und man wandert durch tief eingeschnittene Täler und entlang des leuchtend blaugrünen Gebirgssees *Sant Maurici*. Nördlich des Nationalparks schließt sich das *Val d'Aran* an, in dem man auf keinen Fall die malerischen Bergdörfchen *Vielha* und *Bossòst* verpassen sollte.

In Verbindung sein – Estar en contacto

8

E-Mails auf Spanisch!

Können Sie die folgenden fünf Sonderzeichen ihren spanischen Bezeichnungen zuordnen? Na wunderbar, dann buchstabieren Sie doch gleich mal Ihre E-Mail-Adresse oder Homepage.

1. @   a. punto
2. -   b. arroba
3. _   c. barra
4. .   d. guión bajo
5. /   e. guión

de, at oder ch?
Man sagt: .de **(punto de e)**,
.at **(punto a te)**
und .ch **(punto ce ache)**.

Was Sie in dieser Lektion lernen:
- wie man fragt, ob es WLAN im Zimmer gibt
- wie man nach dem Passwort fragt.
- wie man sagt, dass etwas nicht funktioniert.
- wie man eine SIM-Karte kauft.
- wie man sich über Handytarife informiert und das Guthaben auflädt.

Billiger!
Wer sich länger in Lateinamerika aufhält, sollte sich am besten eine SIM-Karte zulegen. Auch dort bekommt man günstige Prepaid-Angebote – **prepago**.

WLAN

¿Hay wifi en la habitación?
Gibt es im Zimmer WLAN?

El wifi funciona a veces sí,
a veces no.
Ab und zu funktioniert das WLAN,
ab und zu nicht.

Tiene red en todo el hotel.
Sie haben im ganzen Hotel Netz.

introducir la contraseña
das Passwort eingeben

Es importante escribir
todo en minúsculas.
Es ist wichtig, alles in Kleinbuchstaben zu schreiben.

A lo mejor puede intentarlo otra vez.
Vielleicht können Sie es noch
einmal versuchen.

La conexión es muy débil.
Die Verbindung ist sehr schwach.

Voy a mandar a alguien para
controlar el hotspot.
Ich werde jemanden schicken,
der den Hotspot überprüft.

Für Profis

internet*
das Internet

el hotspot
der Hotspot

el móvil
das Handy

la tablet
das Tablet

el ordenador
der Computer

el reproductor de MP3
der MP3-Player

* meist ohne Artikel gebraucht

> **Aussprache**
> Wifi wird uifi (das w also wie im
> Englischen) ausgesprochen.
> MP3 = eme pe tres

¿Hay wifi en la habitación?

Hören Sie sich den folgenden Dialog an. 44

- Hola, buenas. Tengo una pregunta. ¿Hay wifi en la habitación?
- Hola. Sí, por supuesto. Y es gratuito.
- Muy bien. ¿Puede darme la contraseña, por favor?
- Aquí está. Tiene red en todo el hotel.

…

- El wifi no funciona.
- Normalmente no hay problema. ¿Está seguro de que ha introducido la contraseña correctamente? A lo mejor puede intentarlo otra vez. Es importante escribir todo en minúsculas.
- Lo he hecho como usted dice. Es que funciona a veces sí, a veces no. El problema es que la conexión es muy débil.
- Oh, lo siento, no se preocupe, entonces voy a mandar a alguien para controlar el hotspot. A ver si funciona mejor después, ¿vale?
- Sí, perfecto. Muchas gracias.

> **Worauf es ankommt**
>
> **Fragen**
> ¿Hay wifi en la habitación? (Gibt es im Zimmer WLAN?), ¿Puede darme la contra-
> seña, por favor? (Können Sie mir bitte das Passwort geben?), ¿Está seguro de
> que ha introducido la contraseña correctamente? (Sind Sie sicher, dass Sie das
> Passwort korrekt eingegeben haben?)
>
> **Technische Probleme**
> … no funciona. (… funktioniert nicht.), z.B.: el wifi (das WLAN), la conexión
> (die Verbindung), el ordenador (der Computer), el móvil (das Handy), la tablet
> (das Tablet). Wenn mehrere Dinge nicht funktionieren, sagt man: … no funcionan.
> (… funktionieren nicht.)

Ein bisschen Grammatik

Hier die Formen von poder (können, dürfen) in der Gegenwart:

(yo) puedo	(nosotros/-as) podemos
(tú) puedes	(vosotros/-as) podéis
(él/ella, usted) puede	(ellos/ellas, ustedes) pueden

Übungen

1 Verständnis und Aussprache

Sicher verstehen Sie die folgenden Sätze. Na dann bitte mal nachsprechen! 45

1. Tengo una pregunta.
2. ¿Hay wifi en la habitación?
3. El wifi es gratuito.
4. ¿Puede darme la contraseña, por favor?
5. El problema es que la conexión es muy débil.
6. Funciona a veces sí, a veces no.

2 Bitte ordnen Sie

Bitte ordnen Sie die Sätze des folgenden Dialogs so, dass er einen Sinn ergibt.

_ Por supuesto, señor.
_ No necesita una contraseña.
_ ¿Cuánto cuesta?
_ ¿Puede darme la contraseña?
1 Hola, tengo una pregunta. ¿Hay wifi en la habitación?
_ Nada, es gratuito.

necesitar = brauchen

3 Passende Formulierungen

Finden Sie im letzten Dialog die passenden Formulierungen für folgende Gesprächssituationen.

1. fragen, ob es im Zimmer WLAN gibt
2. fragen, ob das WLAN kostenlos ist
3. nach dem Passwort fragen
4. sagen, dass das WLAN nicht funktioniert
5. sagen, dass die Verbindung sehr schwach ist

4 Welche Verbform passt?

Ergänzen Sie die fehlenden Verbformen von *poder* (können, dürfen).

1. ¿(Tú) _____ darme la contraseña para el wifi?
2. ¿(Yo) _____ ayudarle?
3. (Nosotros) _____ intentarlo otra vez.
4. Hay wifi en mi casa, (vosotros) _____ usarlo.
5. ¿(Ustedes) _____ mandar a alquien para controlar el hotspot, por favor?

usar = benutzen

Telefonieren

el teléfono
das Telefon

el móvil
das Handy

Quisiera comprar …
Ich möchte … kaufen.

una tarjeta de teléfono
eine Telefonkarte

una tarjeta SIM
eine SIM-Karte

¿De qué compañía?
Von welcher Firma?

¿De cuánto?
Für wie viel?

De 200 (doscientos) pesos.
Für 200 Pesos.

¿Cuánto cuesta …?
Was kostet …?

el minuto
die Minute

un sms (ese eme ese)/un mensaje
eine SMS

Cuesta …
Es kostet …

Öffentliche Telefone

Quisiera llamar por teléfono.
Ich möchte gerne telefonieren.

Puede usar la cabina número …
Sie können die Kabine … benutzen.

Aussprache
Vorsicht, das spanische v wird nicht wie das deutsche v in „Vogel" ausgesprochen, sondern wie ein weiches b. B und v unterscheiden sich also nicht in der Aussprache.

Quisiera comprar una tarjeta SIM

Hören Sie sich den folgenden Dialog an. 46

- Buenas tardes. Quisiera comprar una tarjeta SIM.
- ¿De contrato o de prepago?
- No, no, de prepago. ¿Cuánto cuesta?
- Aquí tenemos una con una buena tarifa.
  Cuesta 500 (quinientos) pesos.
- ¿Y cuánto cuesta el minuto?
- Cuesta 3 (tres) pesos el minuto. Además el establecimiento de llamada cuesta 6 (seis) pesos.
- ¿Y cuánto cuesta llamar al extranjero?
- Hay una tarifa fija, cuesta 15 (quince) pesos el minuto.
  La tarjeta viene con 150 (ciento cincuenta) pesos de saldo.
- Bueno, no está mal.
- Además si hace hoy una recarga recibe 300 (trescientos) pesos más de saldo.
- Vale, me la llevo.

Worauf es ankommt

Was kostet's?
Nach dem Preis fragt man: ¿Cuánto cuesta? (Was kostet das?), z. B. ¿Cuánto cuesta una tarjeta SIM? (Was kostet eine SIM-Karte?). Steht das Hauptwort in der Mehrzahl, wird cuesta zu cuestan: ¿Cuánto cuestan las llamadas? (Was kosten die Anrufe?)

Immer nützlich
Wendungen wie die folgenden kann man immer gebrauchen: Me lo llevo. (Ich nehme es.), Compro … (Ich kaufe …), ¿Qué tengo que hacer para …? (Was muss ich tun, um … zu …), Usted tiene que … (Sie müssen …)

Ein bisschen Grammatik

Weitere Formen von wichtigen Verben, die Sie bereits kennen, sind u.a.:

(nosotros/-as) debemos	wir müssen/sollen
(yo) quiero	ich will
(nosotros/-as) queremos	wir wollen
(yo) querría/quisiera	ich würde gerne/möchte
(nosotros/-as) querríamos/ quisiéramos	wir würden gerne/ möchten

Übungen

1 Verständnis und Aussprache

Das Verständnis und die Aussprache sind der Schlüssel zu jeder Sprache. 47
Bitte die folgenden Sätze wiederholen!

1. Querría comprar una tarjeta SIM de esta red.
2. Cuesta 500 pesos con 150 pesos de saldo.
3. ¿Hay una tarifa fija?
4. Sí, las llamadas cuestan 3 pesos el minuto.
5. Vale, quisiera también una recarga de 300 pesos.
6. ¿Cuánto cuesta un sms?

2 Was passt zueinander?

Hier sind die Satzteile durcheinandergeraten.
Können Sie immer zwei Teile zuordnen?

1. ¿Cuánto cuesta …	a. las llamadas?
2. ¿Cuál es el …	b. que llamar para la recarga?
3. ¿Cuánto cuestan …	c. este código, ¿verdad?
4. ¿A qué número tengo …	d. una tarjeta SIM?
5. Tengo que marcar …	e. para llamar a Austria?
6. ¿Qué tengo que hacer …	f. prefijo internacional de Suiza?

código = Code
marcar = wählen
prefijo = Vorwahl

3 Hören und verstehen

Können Sie die Aussage ergänzen bzw. die Fragen 48
zu dem Hörtext beantworten?

1. Pedro quiere comprar …   a. una tarjeta SIM
   b. un móvil

2. De contrato, ¿verdad?   a. Sí, de contrato.
   b. No, de prepago.

3. ¿La tarjeta tiene cuánto saldo?   a. 100 pesos.
   b. 500 pesos.

4. ¿Cuánto cuesta el minuto?   a. Cuesta 5 pesos.
   b. Cuesta 15 pesos.

4 Können Sie's zuordnen?

Ordnen Sie den deutschen Sätzen die spanischen Übersetzungen zu.

1. Gibt es eine Grundgebühr?	a. Tiene que marcar un código.
2. Was kostet das Telefonat?	b. ¿Cuánto cuesta la llamada?
3. Ich möchte ein Handy kaufen.	c. Tengo que llamar.
4. Ich muss telefonieren.	d. ¿Hay una tarifa fija?
5. Sie müssen einen Code wählen.	e. Quisiera comprar un móvil.

Das Wichtigste auf einen Blick

Mehr zum Handy  ▶ 49

¿Tiene cargador/
batería para este móvil?
Haben Sie ein Ladegerät/einen
Akku für dieses Handy?

¿Qué hay que hacer
para activar la tarjeta?
Wie aktiviere ich die Karte?

He perdido mi código PIN.
Ich habe meinen PIN-Code verloren.

¿Cuál es el teléfono
de atención al cliente?
Wie ist die Telefonnummer
des Kundendienstes?

Wiederaufladen

Quisiera recargar mi número de
móvil con 10 euros.
Ich würde gerne mein Guthaben
mit 10 Euro aufladen.

¿Qué número tengo que marcar?
Welche Nummer muss ich wählen?

WLAN

¿Hay wifi en la habitación?	Gibt es im Zimmer WLAN?
¿Puede darme la contraseña, por favor?	Können Sie mir bitte das Passwort geben?
No necesita una contraseña.	Sie brauchen kein Passwort.
introducir la contraseña	das Passwort eingeben
Es importante escribir todo en minúsculas.	Es ist wichtig, alles in Kleinbuchstaben zu schreiben.
A lo mejor puede intentarlo otra vez.	Vielleicht können Sie es noch einmal versuchen.
La conexión es muy débil.	Die Verbindung ist sehr schwach.
Voy a mandar a alguien para controlar el hotspot.	Ich werde jemanden schicken, der den Hotspot überprüft.

Telefonieren

el teléfono	das Telefon
el móvil	das Handy
Quisiera comprar …	Ich würde gerne … kaufen.
una tarjeta de teléfono	eine Telefonkarte
una tarjeta SIM	eine SIM-Karte
¿De qué compañía?	Von welcher Firma?
¿De cuánto?	Zu wie viel?
De … pesos.	Zu … Pesos.
¿Hay una tarifa fija?	Gibt es einen festen Tarif?
¿Cuánto cuesta …?	Was kostet …?
el minuto	die Minute
un sms/un mensaje	eine SMS
el establecimiento de llamada	der Verbindungsaufbau
Cuesta …	Es kostet …

Öffentliche Telefone

Quisiera llamar por teléfono.	Ich möchte gerne telefonieren.
Puede usar la cabina número …	Sie können die Kabine … benutzen.
¿Cuánto cuesta …?	Was kostet es …?
llamar a Alemania	nach Deutschland zu telefonieren
¿Cuál es el prefijo internacional de Alemania?	Wie ist die internationale Vorwahl von Deutschland?

Internet & Telefon

Immer online

Auch in Spanien wird der Zugang ins WWW immer einfacher. Erfreulicherweise bieten mittlerweile die meisten Hotels und viele Pensionen gratis WLAN-Internetzugang im Zimmer bzw. in der Lobby. Auch gibt es in immer mehr Cafés die Möglichkeit, sich mit dem eigenen Laptop ins Netz einzuloggen. Außerdem existieren immer noch einige Internetcafés (el Internet café oder cibercafé), die meist über eine schnellere Verbindung verfügen als die offenen Netze.

Nach Hause telefonieren?

Es gibt in vielen spanischen Städten Callshops (locutorios), in denen Auslandsgespräche zu äußerst günstigen Tarifen – häufig über Internetverbindungen – möglich sind. Das Telefonieren aus dem Hotelzimmer kann deutlich teurer sein als an öffentlichen Apparaten.

¿Diga?

Spanier melden sich am Telefon in der Regel mit ¿Diga? oder ¿Dígame? und nicht mit ihrem Nachnamen. Also bloß nicht gleich auflegen, weil Sie dachten, dass Sie sich verwählt haben …

¿Vosotros sabíais?

Wussten Sie, dass die regionale Vorwahl auch innerhalb des jeweiligen Ortes mitgewählt werden muss, und zwar von Festnetz zu Festnetz oder vom Handy ins Festnetz? Die Ländervorwahl nach Spanien lautet 0034. Aus Spanien muss folgende Nummer vorgewählt werden: Deutschland: 0049, Österreich: 0043, Schweiz: 0041.

Valencia – Nicht nur für Paellafans

¡No se lo pierda! – Sehenswertes

Valencia, die drittgrößte Stadt Spaniens, wird von Touristen immer noch selten besucht – völlig zu Unrecht. Die am Mittelmeer gelegene Stadt ist umgeben von fruchtbaren Gemüse-, Reis- und Obstlandschaften und weist ein geradezu typisch spanisches Flair auf. Erkunden Sie die lebendigen Tavernen im historischen Stadtkern *Barrio del Carmen*, schlendern Sie durch die schmucke Markthalle *Mercado Central*, inhalieren Sie geschäftiges valencianisches Treiben auf der *Plaza de la Virgen* oder der *Plaza del Ayuntamiento*, entspannen Sie sich im botanischen Garten oder flanieren Sie durch den luxuriös anmutenden *Puerto Deportivo*, Valencias Sport- und Yachthafen.

¡Que aproveche! – Regionale Spezialitäten

Das bekannteste Gericht *Valencias* ist zweifellos die *paella*, die berühmte Reispfanne, die man hier v.a. *a la valenciana* (mit Hühnerfleisch, Kaninchen und Schnecken) oder *a la marinera* (mit Fisch und Meeresfrüchten) genießt. Als Alternative bieten sich *arroz negro* (ähnlich der *paella*, jedoch mit Tintenfisch und durch die Tinte schwarz gefärbtem Reis), *arroz al horno* (Reisauflauf im Römertopf) oder *fideuà* (*paella* auf Nudelbasis) an. Ebenso typisch ist das Mandelnougat *turrón* und die Erdmandelmilch *horchata*, die man z. B. zum Frühstück mit *fartons* (Hefestangen) trinkt. Stark, aber köstlich ist *agua de Valencia*, eine Art Punsch aus Schaumwein, Gin, Wodka und Orangensaft.

Para especialistas – Geheimtipps

Wirklich traditionell geht es in *Valencia* vom 15. bis zum 19. März während dem *Fallas* genannten Patronatsfest zu Ehren des Heiligen Josef von Nazareth – auf Spanisch *San José* – zu, bei dem teils haushohe Skulpturen aus Pappmaché und anderen brennbaren Materialien am letzten Tag des Festes feierlich verbrannt werden.

9

In der Bank und auf der Post –
En el banco y en Correos

Herzliche Urlaubsgrüße

Können Sie die Texte dieser drei Postkarten aus Spanien
den drei Fotos zuordnen? Gar nicht so schwer, oder?

¡Hola amigos!
¿Cómo estáis? Yo
espectacular, aquí en
el camino de Santiago.
Hasta luego, Georg

Estimado Antonio:
¿Qué tal el verano en casa? Te
mandamos un abrazo desde Tenerife,
Claudia & Peter

Estimados Señores García:
Muchos saludos desde Salamanca.
Cordialmente, Reiner Meyer

Was Sie in dieser Lektion lernen:
• wie man bei Problemen am Geldautomaten reagiert.
• wie man im Tabakladen Briefmarken
und anderes kauft.
• wie man auf der Post eine Sendung
aufgibt.

Correos

Die spanische Post ist ein öffentliches
Unternehmen mit etwa 65.000 Angestellten und ca. 10.000 Zweigstellen,
an denen verschiedenste Versand-
dienstleistungen angeboten werden.
Mehr Informationen gibt es unter
www.correos.es

Am Geldautomaten

el cajero automático
der Geldautomat

la tarjeta de crédito
die Kreditkarte

la tarjeta de débito
die EC-Karte

Retire la tarjeta/el dinero.
Entnehmen Sie die Karte/das Geld.

Pulse "confirmar"/
"cancelar"/"corregir".
Drücken Sie „Bestätigen"/
„Abbrechen"/ "Korrektur".

Probleme

¿Qué tengo que hacer?
Was muss ich machen?

¿Ha introducido mal su código?
Haben Sie die falsche
Geheimzahl eingegeben?

Su banco tiene que mandarnos
un correo electrónico.
Ihre Bank muss uns eine
E-Mail schicken.

¿Cuándo puedo recuperar
mi tarjeta?
Wann kann ich meine Karte
wieder haben?

He perdido la tarjeta de crédito.
Ich habe meine Kreditkarte
verloren.

> **Der Imperativ**
> Ist für viele Verben unregelmäßig:
> decir (sagen) → ¡diga! (sagen Sie!),
> introducir (einführen) →
> ¡introduzca! (führen Sie ein!)

El cajero se ha bloqueado.

Hören Sie sich den folgenden Dialog an. ▶ 50

Inserte la tarjeta …
Introduzca su código secreto y pulse "confirmar".
Tarjeta no válida. Inserte la tarjeta …
● ¿Cómo?
Inserte la tarjeta …
● ¡Pero la tarjeta ya está dentro!
Inserte la tarjeta …
■ Buenos días, dígame …
● ¡El cajero automático se ha bloqueado y no me devuelve la tarjeta!
■ ¿A lo mejor ha introducido mal su código?
● No, no, el código está bien, estoy segura.
  ¿Qué tengo que hacer para recuperar mi tarjeta?
■ No se preocupe, mañana puede recuperarla.
● ¿Cómo? ¡¿Mañana?! ¿No puedo recuperarla inmediatamente?
  No tengo dinero y además tengo que pagar el hotel.
■ Su banco tiene que mandarnos un correo electrónico con la autoriza-
  ción. Es por motivos de seguridad. Lo siento pero son las normas …
● Bien. Dígame la dirección de correo electrónico.

> ### Worauf es ankommt
>
> **Probleme am Geldautomaten**
> Bei Problemen helfen Sätze wie: ¡El cajero no me devuelve la tarjeta!
> *(Der Geldautomat gibt mir die Karte nicht zurück!)* oder … no reconoce la tarjeta.
> *(… erkennt die Karte nicht an.)*
>
> **Persönliche Infos**
> Bei Schwierigkeiten fragt man Sie wahrscheinlich: ¿Cuál es su banco?
> *(Wie heißt Ihre Bank?)*, ¿Cuál es el código IBAN? *(Wie ist der IBAN-Code?)* oder
> ¿Cuál es su número de cuenta? *(Wie ist Ihre Kontonummer?)*

Ein bisschen Grammatik

Verben auf -ar bilden das Partizip der Vergangenheit auf -ado/-ada,
Verben auf -er und -ir meist auf -ido/-ida:

bloquear *(blockieren)* → bloqueado *(blockiert)*
vender *(verkaufen)* → vendido *(verkauft)*
introducir *(einführen)* → introducido *(eingeführt)*

Mehr zu diesem Thema lernen Sie in Lektion 12 auf Seite 98.

Übungen

1 Verständnis und Aussprache

Sprechen Sie bitte diese Sätze nach! Wenn Sie sich den A-Dialog gut 51
durchgelesen haben, sollte das Verständnis keine Probleme machen.

1. Buenas tardes señora, dígame …
2. Tengo un problema con el cajero automático.
3. No me devuelve la tarjeta de crédito.
4. ¿Ha introducido mal su código?
5. ¿Qué debo hacer para recuperar la tarjeta?
6. Mi banco puede mandar un correo electrónico con la autorización.

2 Welche Verben passen?

Auweia, hier fehlt was! Lesen Sie die Sätze
und ergänzen Sie die fehlenden Verben.

está – preocupe – pagar – bloqueado – estoy – puede

1. Tengo que _____ el hotel.
2. ¿Usted _____ mandar un correo electrónico?
3. El código _____ bien.
4. _____ seguro.
5. ¡No se _____!
6. El cajero se ha _____ .

3 Bilden Sie die Partizipien

Können Sie sich an die Bedeutungen all dieser Verben erinnern?
Dann bilden Sie bitte die Partizipien.

1. bloquear   4. mandar
2. marcar   5. preocupar
3. introducir   6. perder

4 Werden Sie spanischer Rechenmeister

Formulieren Sie ausgehend von 20 eine Reihe von Rechenanweisungen.

20 **más 14** son **34**. 34 **menos 32** son **2**.

1. más 14   4. más 55   7. más 36   10. más 30
2. menos 32   5. menos 42   8. menos 10   11. menos 9
3. más 17   6. menos 19   9. menos 14   12. más 26

> mas = mehr, plus
> menos = weniger, minus

Me llevo ...
Ich nehme ...

esta postal
diese Postkarte

un sello
eine Briefmarke

un periódico/una revista
eine Zeitung/eine Zeitschrift

Auf der Post

(la oficina de) Correos
die Post/das Postamt

la carta
der Brief

el paquete
das Paket

el paquete pequeño
das Päckchen

¿Normal o certificado/-a?
Normal oder eingeschrieben?

Con acuse de recibo.
Mit Empfangsbestätigung.

Aussprache

s wird auch vor c, p oder t als s gesprochen und nicht wie im Deutschen als sch wie in „Sport" oder „Stall": especial, postal etc.

Quisiera enviar este paquete.

Hören Sie sich den folgenden Dialog an. 52

● Buenas. Me llevo este periódico, estas postales y tres sellos para Alemania, por favor.
■ Son seis euros.
● ¡Ah! Y un paquete de chicles de menta.
■ Lo siento pero no me quedan ...
● Vaya ... Perdone, ¿dónde puedo enviar este paquete?
■ En la oficina de Correos.

...

▲ ¡El siguiente!
● Buenos días. Quisiera enviar este paquete a Alemania.
▲ ¿Normal o por avión?
● Normal, por favor. ¿Hay una tarifa especial para libros?
▲ Sí, son cinco euros y veinte céntimos.
● Aquí tiene.
▲ Y este es su recibo. Buen día.

Worauf es ankommt

Post versenden
Man sagt: Quisiera enviar ... (*Ich möchte ... schicken.*) gefolgt von der jeweiligen Sendung. Nach Briefmarken fragt man: Necesito un sello/dos sellos para ... (*Ich brauche eine Briefmarke/zwei Briefmarken nach ...*) gefolgt vom jeweiligen Land.

Es kostet ...
Man hört: Cuesta/Cuestan ... (*Es kostet/Sie kosten ...*) oder einfach Son ... (*Das macht ...*), En total son 5 euros. (*Zusammen macht das 5 Euro.*)

Ein bisschen Grammatik

Bei querría handelt es sich um den Konditional (*ich würde wollen*), bei quisiera um das Perfekt des Konjunktivs (*ich hätte gewollt*). Beide Ausdrücke werden wie das deutsche „ich möchte/hätte gerne" benutzt: Querría/Quisiera un periódico alemán. (*Ich möchte eine deutsche Zeitung.*)

Übungen

1 Verständnis und Aussprache

Verstehen Sie alle Sätze? Na dann bitte wieder nachsprechen! 53

1. Me llevo esta postal.
2. Necesito también sellos.
3. Quisiera mandar este paquete a Austria.
4. Hay una tarifa especial para libros, ¿verdad?
5. Son ocho euros y cincuenta céntimos.

2 Ordnung ist die halbe Übung

Können Sie diesen Dialog wieder in die richtige
Reihenfolge bringen?

___ ¿El sello es para España?

___ Sí, necesito también un sello.

___ Entonces son tres euros.

___ ¿Algo más?

_1_ Hola, me llevo esta postal, por favor.

___ Aquí tiene, gracias.

___ No, es para Suiza.

3 Hören und verstehen

Bitte achten Sie bei diesem Hörtext erneut genau auf alle Informationen 54
und ergänzen Sie die Äußerungen bzw. beantworten Sie die Frage.

1. Carmen quiere enviar … a. un paquete
                            b. una carta

2. ¿Normal o por avión?   a. Normal.
                            b. Por avión.

3. Se lleva también …   a. tres postales
                            b. tres sellos

4 Bitte vervollständigen

Setzen Sie die angegebenen Wörter in den Mustersatz ein.

Querría mandar **este paquete** a **Alemania**.

1. este paquete – Alemania   4. estos paquetes – Francia
2. esta postal – Austria   5. estas postales – Italia
3. esta carta – Suiza   6. estas cartas – España

Das Wichtigste auf einen Blick

Wichtige Ausdrücke 55

Dígame …
hier: Bitte?

¡No se preocupe!
Keine Sorge!

¿Cómo?
Wie (bitte)?

¿Es posible?
Geht das? / Ist das möglich?

Im *estanco* (Tabakladen)

el cigarrillo
die Zigarette

el puro
die Zigarre

el mechero
das Feuerzeug

el mapa (de la ciudad)
der Stadtplan

los caramelos
Bonbons

Am Geldautomaten

el cajero automático	der Geldautomat
la tarjeta de crédito	die Kreditkarte
la tarjeta de débito	die EC-Karte
Introduzca el código secreto.	Geben Sie den PIN-Code ein.
Inserte la tarjeta.	Führen Sie die Karte ein.
Retire la tarjeta/el dinero.	Entnehmen Sie die Karte/das Geld.
Pulse …	Drücken Sie …
confirmar/cancelar/corregir	bestätigen/abbrechen/Korrektur

Probleme

Tengo un problema con el cajero automático.	Ich habe ein Problem mit dem Geldautomaten.
No puedo sacar dinero.	Ich kann kein Geld abheben.
No me devuelve la tarjeta.	Er gibt mir die Karte nicht zurück.
¿Qué tengo que hacer?	Was muss ich machen?
¿Ha introducido mal su código?	Haben Sie die falsche Geheimzahl eingegeben?
He perdido la tarjeta de crédito.	Ich habe meine Kreditkarte verloren.
¿Cuándo puedo recuperarla?	Wann kann ich sie wieder haben?
¿Puedo retirar dinero en la ventanilla?	Kann ich am Schalter Geld abheben?

Am *quiosco* (Zeitungskiosk)

Me llevo …	Ich nehme …
Necesito …	Ich brauche …
un periódico	eine Zeitung
una revista	eine Zeitschrift
chicles	Kaugummi

Auf der Post

el correo	die Post
la postal	die Postkarte
la carta	der Brief
el paquete	das Paket
el paquete pequeño	das Päckchen
el sello	die Briefmarke
¿Normal o certificado/-a?	Normal oder eingeschrieben?
¿Con acuse de recibo?	Mit Empfangsbestätigung?
¿Tienen sobres/cajas?	Haben Sie Kuverts/Boxen?

Banken & Postämter

¿Vosotros sabíais?

Die EC-Karte kann gegen Gebühr an jedem Automaten mit Geheimnummer (PIN) zum Abheben von Bargeld eingesetzt werden. Die Gebühren für das Abheben mit der Kreditkarte sind in der Regel höher. Kreditkarten werden in den meisten Restaurants und Geschäften sowie an allen Tankstellen akzeptiert – jedoch Vorsicht, das „Klonen" von Karten kommt in Spanien relativ häufig vor.

Auf der Post

Im Zeitalter von SMS und E-Mails mögen Postkarten altmodisch wirken, doch so manch Zuhausegebliebener freut sich sicher noch über einen kleinen postalischen Gruß. Die gelben Briefkästen haben meist einen eigenen Schlitz für Stadtpost und Sendungen ins Ausland *(al extranjero)*. Briefmarken *(sellos)* erhält man auf den Postämtern *(oficinas de correo* oder nur *Correos)* und auch in den meisten Zeitschriftenläden *(estancos)*.

Das schönste Postamt der Welt

Der eindrucksvolle *Palacio de Comunicaciones* an der *Plaza de Cibeles* ist das ehemalige Hauptpostamt von *Madrid*. Er besteht seit 1909 und gilt bis heute als einer der Prachtbauten der spanischen Hauptstadt, ja vielleicht sogar als schönstes Postamt der Welt! Gefallen daran fand auch die Stadtverwaltung und übersiedelte im Jahre 2007 kurzerhand mit dem Rathaus hierher, weshalb man seine Postkarten mittlerweile anderswo aufgeben muss.

Islas Canarias – Willkommen im ewigen Frühling!

¡No se lo pierda! – Sehenswertes

Die Kanarischen Inseln – *Fuerteventura*, *La Gomera*, *Gran Canaria*, *El Hierro*, *Lanzarote*, *La Palma* und *Tenerife* – werben hierzulande mit dem Slogan *¡Bienvenidos en las islas de la primavera eterna!* (Willkommen auf den Inseln des ewigen Frühlings!). Dies sollte aber auf keinen Fall bedeuten, dass man hierher nur der Sonne und des Meeres wegen kommt. Schlendern Sie doch mal über einen Markt in *Las Palmas de Gran Canaria* oder *Santa Cruz de Tenerife* und Sie werden über das reiche Angebot an frischem, geradezu exotischem Obst, Fisch und Gemüse überrascht sein. Aber auch kulturell bieten die Inseln viel Interessantes, z. B. die zahlreichen Patronatsfeste, den Karneval oder das Musikleben, denn in den letzten Jahren haben sich in den Konzerthäusern *Auditorio Alfredo Kraus* in *Las Palmas de Gran Canaria* und *Auditorio de Tenerife Adán Martín* Künstler aus aller Welt ein Stelldichein gegeben.

¡Que aproveche! – Regionale Spezialitäten

Wunderbar sind die allerorts erhältlichen, frischen *zumos de fruta* (Fruchtsäfte), z. B. von Mangos, Papayas, Bananen oder Physalis (Kapstachelbeeren). Für etwas Energie mal zwischendurch empfehlen sich die einheimischen Kaffeevariationen wie der *barraquito* (Espresso mit Milch, Zucker, Zitronenschale, Zimt und Likör) oder der *cortado de leche y leche* (Espresso mit normaler Milch und Kondensmilch). Gegen den kleinen Hunger helfen die leckeren *arepas*, mit Fleisch, Thunfisch oder anderen Zutaten gefüllte Maisfladen. Etwas Besonderes sind die Weißweine aus *Lanzarote* namens *malvasía*, die in einem eigenen Trockenfeldbau-Verfahren auf der regenarmen Lavainsel gekeltert werden.

Para especialistas – Geheimtipps

Weg vom Strand und ab ins Abenteuer! Erkunden Sie die landschaftliche Vielfalt der Inseln, z. B. im Nationalpark *Timanfaya* auf *Lanzarote*, wo die Lava in vielen Farben schimmert, in der Miniwüste *Maspalomas* auf *Gran Canaria* oder im üppigen Lorbeerwald von *La Gomera*.

Auf Reisen – De viaje

Das liebe Wetter!

Sehen Sie sich die Fotos an und versuchen Sie, jedes mit einem der folgenden Sätze zum Thema Wetter in Verbindung zu bringen.

1. Llueve.
2. Hace sol.
3. Hay viento.
4. Hace frío.
5. Hace/Hay niebla.

Was Sie in dieser Lektion lernen:
- wie man sich nach dem richtigen Fahrschein erkundigt.
- wie man fragt, welches Verkehrsmittel man am besten nimmt.
- wie man ein Fahrrad mietet.
- wie man Small Talk macht.
- wie man das Wetter beschreibt.

España en bici
Viele spanische Städte eignen sich bestens dazu, per „Drahtesel" erkundet zu werden. Praktisch überall finden sich lokale Vermieter.

Bus, Straßenbahn, U-Bahn

el autobús
der Bus

el metro
die U-Bahn

el tranvía
die Straßenbahn

la parada
die Haltestelle

la estación
der Bahnhof/die Station

la última parada/la estación final
die Endhaltestelle

¿Tengo que hacer transbordo?
Muss ich umsteigen?

Sí, tiene que bajarse en …
Ja, Sie müssen in … aussteigen.

¿En qué dirección?
In welche Richtung?

¿Me puede decir cuándo llegamos a …?
Können Sie mir sagen, wann wir in …
ankommen/sind?

¿Me puede avisar antes?
Können Sie mir vorher Bescheid
geben?

Fahrkarten

¿Dónde puedo comprar el billete?
Wo kann ich die Fahrkarte kaufen?

Necesito un billete sencillo.
Ich brauche eine einfache Fahrkarte.

¿Hay que picar el billete?
Muss man die Fahrkarte entwerten?

Tiene que bajarse en la próxima parada …

Hören Sie sich den folgenden Dialog an. 56

- Buenos días, un billete, por favor.
- Son dos euros.
- Perdone, ¿cuánto cuesta un bono semanal?
- El bono semanal cuesta 20 euros pero no puede comprarlo aquí en el autobús, tiene que comprarlo en un quiosco.
- Bueno, ahora solo necesito un billete sencillo. Quiero ir al aeropuerto.
- Pues lo siento mucho pero este autobús no va al aeropuerto. Este es el número 12 y el que va al aeropuerto es el 21.
- ¿Y ahora qué hago para ir al aeropuerto? ¡Voy a perder el avión!
- Tiene que bajarse en la próxima parada y coger el metro en dirección Plaza de España. De allí sale la línea 21 al aeropuerto …
- Gracias, muy amable.

Worauf es ankommt

Wie komme ich nach/zu …?
Man fragt am besten: ¿Qué hago para ir a …? oder einfach
¿Cómo voy a …? (Wie komme ich nach/zu …?)

Transportverbindungen
Wichtige Sätze: Bájese en … (Steigen Sie in … aus.), Vaya hasta la estación …
(Fahren Sie bis zur Station …), Tiene que/Hay que coger la línea …
(Sie müssen/Man muss die Linie … nehmen.)

Ein bisschen Grammatik

Man bildet die Zukunft, indem man vor die Grundform
eines Verbs die gebeugten Formen von ir a (gehen zu) stellt:

(yo) voy a perder   ich werde verpassen
(tu) vas a coger   du wirst nehmen
(él/ella) va a comprar   er/sie wird kaufen
(usted) va a llegar   Sie werden ankommen
(nosotros/-as) vamos a ir wir werden gehen/fahren

Übungen

1 Verständnis und Aussprache

Die alte Story! Erst verstehen und dann ganz einfach nachsprechen, bitte! 57

1. Quisiera un billete sencillo.
2. ¿Qué hago para ir a la estación?
3. Coja el autobús, son seis paradas.
4. ¿Qué número tengo que coger y dónde me bajo?
5. Coja el número 5 y bájese en la estación final.

> coja = nehmen Sie

2 Präposition + Artikel

Wohin möchten Sie? Bilden Sie Sätze, aber Vorsicht: die richtige Kombination aus Präposition und Artikel (also al oder a la) müssen Sie selbst finden. Unbekannte Wörter können Sie im alphabetischen Wortschatz nachschlagen.

¿Qué hago para ir **al aeropuerto**?

1. aeropuerto
2. puerto
3. estación
4. plaza de toros
5. zoológico
6. mar
7. mercado
8. parque municipal

3 Was man später kann besorgen …

Setzen Sie diese Sätze bitte jeweils in die Zukunft. Das Besipiel zeigt Ihnen nochmals das Prinzip.

Está bien, le **aviso**. → Está bien, le **voy a avisar**.

1. Está bien, le aviso.
2. Usted coge el número tres.
3. Tú compras el billete en el autobús.
4. Usted solo necesita un billete sencillo.
5. Dígame por favor, ¿cuándo llegamos?

4 Was gehört wohin?

Vervollständigen Sie die Sätze mit den dazugehörigen Wörtern. Gar nicht so schwierig, oder?

hasta – paradas – coger – mensual – línea – billete

1. ¿Cuánto cuesta un bono _____?
2. Necesito un _____ sencillo, por favor.
3. Vaya _____ la estación Plaza del Triunfo.
4. Hoy hay huelga, tienes que _____ un taxi.
5. Voy al centro, ¿cuántas _____ son?
6. Disculpe, ¿qué _____ hay que coger?

> huelga = Streik

Mit dem Fahrrad

La bici(cleta)
Das Fahrrad

... está pinchada.
... hat einen Platten.

Los frenos no funcionan.
Die Bremsen funktionieren nicht.

El cambio de marchas no funciona.
Die Gangschaltung funktioniert nicht.

El sillín está roto.
Der Sitz ist kaputt.

¿Hay carril bici aquí?
Gibt es hier Radwege?

¿Tiene un mapa de la ciudad?
Haben Sie einen Stadtplan?

Das liebe Wetter

Cómo está el tiempo, ¿no?
Was für ein Wetter?!

¡Qué día tan bonito!
Was für ein schöner Tag!

¡Qué tiempo más malo!
Was für ein schlechtes Wetter!

¿Llueve siempre tanto aquí?
Regnet es hier immer so viel?

¿Cómo va a estar el tiempo mañana?
Wie wird das Wetter morgen?

Creo que va a mejorar.
Ich glaube, es wird besser.

Quisiera alquilar una bicicleta.

Hören Sie sich den folgenden Dialog an. 58

- ● Buenas, quisiera alquilar una bicicleta.
- ■ ¿La quieres para hoy?
- ● Sí.
- ■ Mmm ... tienes que esperar un poco. Solo nos queda una y está pinchada; hay que repararla.
- ● ¡Ay Dios! ¿Tengo que esperar mucho?
- ■ No, no. Unos cinco minutos.
- ● Bueno, no hay problema.
- ■ Vaya, qué frío hace hoy, ¿no?
- ● ¡Sí! ¿Siempre hace tanto frío aquí?
- ■ ¡No! Es que en abril el tiempo siempre es bastante inestable. Unos días llueve, otros días hace calor ...
- ● Hace más frío que en mi país.
- ■ ¿De dónde eres?
- ● Soy alemán, de Hamburgo.

...

- ■ ¡Ah, mira! ¡Ya está lista la bicicleta!

Worauf es ankommt

Ein Fahrzeug mieten

Man sagt: Quisiera alquilar ... (Ich möchte ... mieten.), z. B. una bici(cleta) (ein Fahrrad), un coche (ein Auto) oder una moto/un escúter (ein Motorrad/einen Roller).
Darauf fragt man Sie sicher: ¿Por/Para cuánto tiempo? (Für wie lange?)
Die Antwort lautet z. B.: por/para ... (für ...) und dann una hora (eine Stunde), dos horas (zwei Stunden), un día (einen Tag), una semana (eine Woche) oder el fin de semana (das Wochenende). La/Lo devuelvo ... (Ich bringe es/ihn ... zurück.)

Das Wetter

Man sagt: Hace frío/calor. (Es ist kalt/heiß.), Hace buen/mal tiempo. (Das Wetter ist schön/schlecht.), Está nublado. (Es ist bewölkt.), Hace sol. (Es ist sonnig.), Hay viento. (Es ist windig.), Está lloviendo. (Es regnet gerade.), Está nevando. (Es schneit gerade.), Hace/Hay niebla. (Es ist neblig.).
Als Ausruf hört man auch: ¡Qué calor/frío hace hoy! (Wie heiß/kalt es heute ist!)

Ein bisschen Grammatik

Man steigert mit dem Wörtchen más (mehr):

Hace frío. (Es ist kalt.)   →   Hace más frío. (Es ist kälter.)

Übungen

1 Verständnis und Aussprache

Alles verstanden? Dann sprechen Sie bitte die Sätze nach! 59

aún = noch

1. Hola, quisiera alquilar una moto.
2. Sí, está bien. ¿Por cuánto tiempo?
3. Para el fin de semana. La devuelvo el lunes.
4. ¿Cuánto tiempo tengo que esperar aún?

2 Was passt zueinander?

Können Sie jeder Frage eine logische Antwort zuordnen?

1. ¿Hay carril bici aquí?
2. ¿De dónde eres?
3. ¿Hace frío hoy?
4. ¿Por cuánto tiempo?
5. ¿Hay que esperar mucho?
6. ¿Te gusta ir en bici?

a. No, solo cinco minutos.
b. Sí, pero solo en el centro.
c. Solo dos días.
d. Sí, pero solo si no llueve.
e. No, hace mucho calor.
f. De Berlín.

3 Hören und verstehen

Einfach den Text aufmerksam anhören, dann macht 60 es Ihnen sicher keine Probleme, die Aussagen richtig zu ergänzen und die Frage zu beantworten.

1. Alberto quiere alquilar ...
   a. una bicicleta
   b. dos bicicletas
2. Tiene que esperar ...
   a. unos cinco minutos
   b. unos quince minutos
3. ¿Qué tiempo hace?
   a. Hace frío.
   b. Hace calor.

4 Das liebe Wetter

Auch in Spanien ist das Wetter ein beliebtes Gesprächsthema. Sagen Sie auf Spanisch, dass ...

1. es heute heiß ist
2. es kalt ist und schneit
3. das Wetter schön ist und es sonnig ist
4. das Wetter schlecht ist und es neblig ist
5. es bewölkt und windig ist
6. Sie glauben, dass es besser wird

Das Wichtigste auf einen Blick

Wichtige Ausdrücke 61

Lo siento mucho.
Tut mir sehr leid.

Muy amable.
Sehr freundlich.

¡Ay Dios (mío)!
Oh (mein) Gott!

Bueno …
O.K. … / Nun gut …

¡Mira!
Schau mal!

ya …
schon …

¡Ya está!
Es ist schon soweit!

Bus, Straßenbahn, U-Bahn

el autobús	der Bus
el metro	die U-Bahn
el tranvía	die Straßenbahn
la parada	die Haltestelle
la estación	der Bahnhof/die Station
¿Hay que hacer transbordo?	Muss man umsteigen?
Sí, tiene que bajarse en …	Ja, Sie müssen in … aussteigen.
¿En qué dirección?	In welche Richtung?
¿Me puede avisar antes?	Können Sie mir vorher Bescheid geben?

Fahrkarten

¿Dónde puedo comprar …?	Wo kann ich … kaufen?
un billete sencillo	eine einfache Fahrkarte
un bono semanal/mensual	eine Wochen-/Monatskarte

Im Taxi

el taxi	das Taxi
el taxista	der Taxifahrer
¿Puede llamar a un taxi?	Können Sie ein Taxi rufen?
Necesito un taxi en …	Ich brauche ein Taxi bei/in …
¿Está libre?	Sind Sie frei?
¿Puede esperar aquí?	Können Sie hier warten?
¿Cuánto cuesta al aeropuerto?	Was kostet es zum Flughafen?

Small Talk

¡Qué calor/frío hace hoy!	Wie heiß/kalt es heute ist!
¿Llueve siempre tanto aquí?	Regnet es hier immer so viel?
¿Cómo va a estar el tiempo mañana?	Wie wird das Wetter morgen?
Creo que va a mejorar.	Ich glaube, es wird besser.
¿Te/Le gusta el fútbol?	Magst du/Mögen Sie Fußball?
Sí, mucho.	Ja, sehr.
La verdad es que no mucho …	Eigentlich nicht sehr …
¿Cuál es tu/su equipo favorito?	Was ist dein/Ihr Lieblingsteam?
Soy del …	Ich bin ein Fan von …

Reiseerfahrungen

¿Ha estado ya en …?	Waren Sie schon mal in …?
No, es la primera vez.	Nein, es ist das erste Mal.
Sí, ya he venido más veces.	Ja, ich war schon öfters hier.
Es la … vez.	Es ist das … Mal.
segunda/tercera/cuarta	zweite/dritte/vierte
Sí, pero hace muchos años.	Ja, aber vor vielen Jahren.

10

Durch spanische Städte

Mit dem Fahrrad unterwegs

In vielen spanischen Großstädten bietet sich das Fahrrad als Alternative zum öffentlichen Nahverkehr an. Immer mehr Städte werden radfreundlich ausgebaut und dementsprechend werden auch die Einheimischen stetig radbegeisterter. Dass dies natürlich auch mit der enormen Popularität des Radsports in Spanien zusammenhängt, sei hier zumindest am Rande erwähnt. Das Radrennen *Vuelta Ciclista a España*, kurz *Vuelta a España*, ist eines der wichtigsten Etappenrennen der Welt – eine spanische Variante der *Tour de France*!

¿Vosotros sabíais?

In vielen Städten stehen auch Mieträder an Terminals zur Verfügung, für deren Anmietung man in der Regel eine Kreditkarte braucht.

Vías verdes

Seit einigen Jahren fördert die Regierung in Madrid das umweltfreundliche Reisen und hat in diesem Geiste über 1.800 Kilometer stillgelegte Bahntrassen, teilweise sogar über Viadukte und durch Tunnels, zu Rad- und Wanderwegen ausgebaut. Nach dem Motto *vías verdes, cero CO₂* begeht oder befährt man hierauf im ganzen Land historische Bahnlinien. Und wer im Anschluss erfahren möchte, wie viel CO_2-Emissionen man auf der entsprechenden Strecke im Gegensatz zum Autofahren eingespart hat, kann dies anhand eines Rechners auf der Internetseite (www.viasverdes.com) ermitteln.

Andalucía – Mehr als Flamenco und Stierkampf

¡No se lo pierda! – Sehenswertes

Vieles, was bei uns als typisch spanisch gilt, hat seine Ursprünge in *Andalucía*, so z. B. der Stierkampf und der weltberühmte Flamenco. Das Erbe der zwischen 711 und 1492 herrschenden Mauren ist heute noch vor allem in der Architektur zu bestaunen und natürlich gehört ein Besuch der *Alhambra* von *Granada* und der *Mezquita* von *Córdoba* auf jede Urlaubstopliste. Weniger bekannt sind dagegen die kleineren Städte wie *Cádiz*, *Huelva* oder *Jaén*, die noch unverfälschtes andalusisches Leben bieten. Turbulent geht es überall in Andalusien in der Karwoche zu, wenn in den Städten und Dörfern bunte Prozessionen stattfinden.

¡Que aproveche! – Regionale Spezialitäten

Wer denkt bei andalusischer Küche nicht unweigerlich an *jamón serrano* (Serrano-Schinken) oder die kalte Gemüsesuppe *gazpacho*? Aber auch die heute in ganz Spanien beliebten kleinen Häppchen namens *tapas* haben hier ihren Ursprung. Nicht versäumen sollten Sie *mojama*, gepökelte und luftgetrocknete Filetstücke vom Thunfisch, so interessante Kreationen wie *truchas rellenas de jamón* (mit Schinken gefüllte Forellen), *rabo de toro con ciruelas pasas* (Stierschwanz mit Backpflaumen) oder *riñones al jerez* (Kalbsnieren in Sherry). Apropos Sherry, der Likörwein gehört zu Andalusien wie die *Alhambra* zu *Granada*. Man liebt ihn *fino* oder *manzanilla* (trocken), *amontillado* (halbtrocken) oder *oloroso* (süß).

Para especialistas – Geheimtipps

Andalusien ist ein Paradies für Pferdefreunde. Statten Sie doch mal der *feria del caballo* einen Besuch ab, die jeden Mai in *Jerez de la Frontera* stattfindet, oder gehen Sie mit auf die eindrucksvolle Wallfahrt nach *Aldea de Rocío*, wenn die Bruderschaften von weit her mit Pferdefuhrwerken anreisen. Und wer selber *en caballo* (mit dem Pferd) unterwegs sein möchte, der findet in den meisten Orten Andalusiens über die Fremdenverkehrsämter die Möglichkeit, das Umland auf dem Rücken eines Gauls zu erkunden.

Einkaufen –
Ir de compras

Bringen Sie Farbe in Ihr Spanisch!

Einen Spaziergang über einen bunten Markt sollte man sich in Spanien auf keinen Fall entgehen lassen. Schauen Sie sich das Foto mit den vielen Früchten an. Welche der folgenden Farben erkennen Sie darauf?

1. blanco	4. negro
2. amarillo	5. verde
3. azul	6. rojo

Agricultura española
Zu den meistangebauten Agrarprodukten zählen: Getreide (vor allem Weizen und Mais), Gemüse und Zitrusfrüchte. Wichtige Exportgüter sind außerdem Fleisch- und Milchprodukte, Fisch und Meeresfrüchte.

Auf dem Markt

(Me pone) …, por favor.
(Geben Sie mir) bitte …

manzanas
Äpfel

melocotones
Pfirsiche

peras
Birnen

uvas
Trauben

naranjas
Orangen

un melón
eine Honigmelone

una sandía
eine Wassermelone

Preisangaben

¿Cuánto cuesta la lechuga?
Was kostet der Kopfsalat?

¿A cuánto está el kilo de tomates?
Was kostet das Kilo Tomaten?

A tres euros el kilo.
Drei Euro das Kilo.

Weitere Mengenangaben

cien gramos de chorizo
hundert Gramm Chorizo

una barra de pan
eine Stange Brot/ein Baguette

un paquete de pasta
ein Päckchen Nudeln

una lata de atún
eine Dose Thunfisch

una botella de agua
eine Flasche Wasser

un bote/un tarro de mermelada
ein Glas Marmelade

una tarrina de yogur
ein Becher Joghurt

Un kilo de tomates, por favor.

Hören Sie sich den folgenden Dialog an. 62

- ¿A quién le toca?
- A mí. Un kilo de tomates, por favor.
- ¿Algo más?
- También medio kilo de pimientos.
- ¿Para ensalada o para asar?
- Para asar, de los rojos.
- ¿Otra cosita?
- ¿A cuánto están los pepinos?
- A 30 céntimos.
- Vale, entonces dos pepinos y una docena de huevos también.
- Huevos no tengo hoy, pero mañana sí.
- Vaya, hombre. Entonces ya está. ¿Cuánto es?
- Cinco euros.
- Aquí tiene. Hasta luego.
- Adiós.

Worauf es ankommt

Mengenangaben
Die wichtigsten sind: un kilo de patatas (ein Kilo Kartoffeln), medio kilo de tomates (ein halbes Kilo/Pfund Tomaten), un litro de leche (ein Liter Milch), medio litro de vino (ein halber Liter Wein), un trozo de queso (ein Stück Käse), una loncha de jamón (eine Scheibe Schinken)

Einkaufsvokabular
Der Verkäufer fragt gewöhnlich: ¿Está bien así? (Ist es O.K. so?) oder ¿Vale así? (Recht so?) Als Antwort passen: Sí, está bien. (Ja, es ist O.K.), Ya está. (Das reicht.), Un poco más. (Etwas mehr.) oder Un poco menos. (Etwas weniger.) Andere wichtige Ausdrücke sind: Es demasiado caro. (Das ist zu teuer.), ¿Algo más? (Darf's sonst noch etwas sein?), Sí, … (Ja, …), Eso es todo, gracias. (Das ist alles, danke.)

Ein bisschen Grammatik

Das Spanische liebt Verkleinerungsformen. Die gebräuchlichste Verkleinerungssilbe ist –ito bzw. –ita und wird an das Wort angehängt.

perro → perrito   Hund → Hündchen

cosa → cosita   Sache → kleine Sache

Übungen

1 Verständnis und Aussprache

Sicher verstehen Sie diese Sätze, nicht wahr? Dann sprechen Sie sie bitte nach! 63

1. ¿A quién le toca? … Dígame.
2. Un kilo de naranjas, por favor.
3. Aquí tiene. ¿Algo más?
4. Sí, medio kilo de uvas.
5. Entonces un kilo de naranjas y medio kilo de uvas.
6. Sí, ya está, gracias. ¿Cuánto es?

2 Topf und Deckel

Hier passt nur eine Antwort zu einer Frage. Wissen Sie, welche?

1. ¿A quién le toca?
   a. ¡Vale!
   b. A mí.

2. ¿Está bien así?
   a. ¿Y usted?
   b. Un poco más.

3. ¿Algo más?
   a. Eso es todo.
   b. Mañana sí.

3 Bitte die Bausteine kombinieren

Setzen Sie die Wörter 1–6 in den Beispielsatz ein und lesen Sie diese Sätze laut.

Me pone **un kilo** de **manzanas**, por favor.

1. un kilo – manzanas
2. medio kilo – melocotones
3. dos kilos – naranjas
4. una docena – huevos
5. media docena – patatas
6. cien gramos – queso

4 Bitte einsetzen

Setzen Sie die Mengenangaben und die dazugehörigen Waren in den Beispielsatz ein. Nur eine Kombination macht jeweils Sinn.

Necesito …, por favor.

1. una barra
2. un paquete
3. una lata
4. una botella
5. una tarrina
6. un tarro

a. de atún
b. de vino
c. de pasta
d. de mermelada
e. de pan
f. de yogur

Kleidungsstücke

el pantalón
die Hose

los vaqueros
die Jeans

la chaqueta
die Jacke/das Sakko

la camisa
das Hemd

el jersey/el suéter
der Pullover/der Sweater

las medias
die Socken

los zapatos
die Schuhe

los guantes
die Handschuhe

el fular
das Halstuch

la camiseta
das T-Shirt

la falda
der Rock

el vestido
das Kleid

la corbata
die Krawatte

Im Laden

¿Le puedo ayudar?/
¿Puedo ayudarle?
Kann ich Ihnen helfen?

Solo miraba, gracias.
Ich schaue nur, danke.

Perdone, ¿dónde está el probador?
Entschuldigung, wo sind die
Umkleidekabinen?

¿Cómo me queda/quedan?
Wie steht/stehen es/sie mir?

¿Qué talla tiene?

Hören Sie sich den folgenden Dialog an. 64

● Buenos días, ¿le puedo ayudar?

■ Sí, quisiera ver el vestido del escaparate.

● ¿El estampado?

■ No, no, ese verde.

● ¿Qué talla tiene?

■ La 38.

● Aquí tiene. Puede pasar al probador.

…

● ¿Cómo le queda?

■ No sé, no me gusta tanto. Creo que me queda un poco estrecho.

● ¿Estrecho? ¡Para nada! ¡Le queda perfecto! Tiene usted muy
buena figura.

■ ¿Le parece? …

● ¡Por supuesto! Y si se pone con el vestido estos zapatos de tacón,
estaría ideal.

■ A ver … Sí, tiene razón.

● Para completar el conjunto también puede llevarse este bolso y
este fular …

Worauf es ankommt

Haben Sie …?
Man fragt: ¿Tiene …? *(Haben Sie …?)* oder ¿Hay …? *(Gibt es …?)* Falls man bereits
weiß, was man möchte: Quisiera probar este/esta/estos/estas … *(Ich würde gerne
diese/diesen/dieses … anprobieren.)*, z. B. Este pantalón es muy bonito, ¿puedo
probármelo? *(Diese Hose ist sehr schön, kann ich sie anprobieren?)*

Größe
Kleidung: ¿Qué talla tiene? Schuhe: ¿Qué número tiene? *(Welche Größe haben
Sie?)* Die Antwort lautet entsprechend für Kleidung: (Tengo) la 42. bzw. für
Schuhe: Tengo el 42. *(Ich habe 42.)* Passt etwas mal nicht so ganz, sagt man:
Me queda un poco estrecho/ancho/largo/corto/grande/pequeño. *(Er/Sie/Es ist
etwas zu eng/weit/lang/kurz/groß/klein.)*

Ein bisschen Grammatik

Die Demonstrativpronomen este *(dieser)*, esta *(diese* weiblich/Einzahl),
estos *(diese* männlich/Mehrzahl) und estas *(diese* weiblich/Mehrzahl)
machen Ihnen sicher keine Probleme, nicht wahr?

Übungen

1 Verständnis und Aussprache

Verstehen Sie die Wörter und Sätze? 65
Dann bitte mal wiederholen!

1. Buenas tardes, ¿le puedo ayudar?
2. Sí, quisiera probarme este vestido.
3. Enseguida, ¿qué talla tiene?
4. La 44. Perdone, ¿dónde está el probador?
5. Creo que me queda un poco corto, ¿no?

2 Bitte einsetzen

Entscheiden Sie, ob hier jeweils este, esta, estos
oder estas eingesetzt werden muss.

1. ¿Cuánto cuesta _____ chaqueta?
2. ¿Cómo le queda _____ vestido?
3. _____ zapatos no me gustan mucho.
4. ¡Qué bonitas son _____ medias!
5. ¿Tienen _____ camisa también en rojo?
6. _____ vaqueros me quedan muy estrechos.

3 Hören und verstehen

Hören Sie sich den Text an und ergänzen Sie die Aussagen 66
bzw. beantworten Sie die Frage.

1. Juan quiere ver …   a. una camisa
                         b. una chaqueta

2. ¿De qué color?   a. Verde.
                         b. Azul.

3. Pero le queda un poco …   a. estrecha
                             b. larga

¿De qué color? =
In welcher Farbe?

4 Welche Antwort passt?

Hier passt nur eine Antwort pro Frage. Wissen Sie, welche?

1. ¿Dónde está el probador?   a. Está ahí, mira.
                              b. Es muy grande.

2. ¿Cómo me queda?   a. Me quedo una noche.
                              b. ¡Le queda perfecto!

3. ¿Le puedo ayudar?   a. No, solo miraba. Gracias.
                              b. Tengo la 37.

Das Wichtigste auf einen Blick

Allgemeines 📱▶ 67

¿A quién le toca?
Wer ist an der Reihe?

¿Otra cosita?
hier: Noch etwas?

Vale …
Geht klar … / O.K. …

No (lo) sé.
Ich weiß (es) nicht.

Farben

rojo	marrón
rot	braun
rosa	blanco
rosa	weiß
verde	negro
grün	schwarz
amarillo	gris
gelb	grau
azul	lila
blau	lila

Auf dem Markt

(Me pone) …, por favor.	(Geben Sie mir) bitte …
¿Cuánto cuesta la lechuga?	Was kostet der Kopfsalat?
¿A cuánto está el kilo de …?	Was kostet das Kilo …?
A 3 euros el kilo.	3 Euro das Kilo.
¿Está bien así?	Ist das O.K. so?
Sí, está bien.	Ja, das ist O.K.
Un poco más/menos.	Etwas mehr/weniger.
Es demasiado caro.	Das ist zu teuer.
¿Algo más?	Darf's sonst noch etwas sein?
Eso es todo, gracias.	Das ist alles, danke.

Im Laden

¿Le puedo ayudar?	Kann ich Ihnen helfen?
Solo miraba, gracias.	Ich schaue nur, danke.
¿Tiene …?	Haben Sie…?
¿Qué talla tiene?	Welche Größe haben Sie? *(Kleidung)*
¿Qué número calza/tiene?	Welche Größe haben Sie? *(Schuhe)*
(Tengo) el/la 42.	Ich habe 42.
Me queda un poco …	Er/Sie/Es ist etwas (zu) …
estrecho/ancho	eng/weit
largo/corto	lang/kurz
grande/pequeño	groß/klein
¿Quiere probárselo?	Wollen Sie es anprobieren?
¿Puedo probármelo?	Kann ich es anprobieren?
¿Dónde está el probador?	Wo sind die Umkleidekabinen?

In der Buchhandlung

¿Tienen libros/prensa en alemán?	Haben Sie Bücher/Presse auf Deutsch?
¿Tienen periódicos?	Haben Sie Zeitungen?
Busco …	Ich suche …
un libro de cocina	ein Kochbuch
una novela	einen Roman
una novela negra	einen Krimi
una guía turística	einen Reiseführer
un mapa de carreteras	eine Straßenkarte
un diccionario español-alemán	ein Wörterbuch Spanisch-Deutsch
El título/autor es …	Der Titel/Autor ist …

Kleidung & Mode

11

¿Vosotros sabíais?

Seit einigen Jahren haben spanische Designer und Modeschöpfer ihren festen Platz in der internationalen Szene. Beim Thema Mode hat man die Wahl zwischen *prêt-à-porter* und individuellen Kreationen, ganz exklusiv aus den Boutiquen der Couturiers in Madrid und Barcelona.

Und was man sonst so kauft

Wer als Selbstversorger durch Spanien reist, der kann wie zuhause zwischen Obst-, Gemüse, Fisch- oder Fleischmärkten, großen Supermärkten und kleinen Lädchen wählen. Wichtige Geschäfte sind zum Beispiel:

la panadería/el panadero	die Bäckerei/der Bäcker
la charcutería/el charcutero	das Wurstgeschäft/der Wurstmetzger
la carnicería/el carnicero	die Metzgerei/der Metzger
la pescadería/el pescadero	das Fischgeschäft/der Fischhändler
la frutería/el frutero	das Obstgeschäft/der Obsthändler
la verdulería	das Gemüsegeschäft
la tienda (de alimentación)/el tendero	das Lebensmittelgeschäft
el estanco/el estanquero	das Tabakgeschäft/der Tabakhändler
el quiosco/el quiosquero	der Zeitungskiosk
el supermercado	der Supermarkt

Ähnlich wie im Deutschen sagt man auch im Spanischen häufig die Bezeichnung des Verkäufers anstatt die des Geschäfts, also z. B., *¿Dónde hay un panadero?* (Wo gibt es einen Bäcker?) statt *¿Dónde hay una panadería?* (Wo gibt es eine Bäckerei?).

¿Siesta? – ¡Siesta!

Das Leben steht in Spanien zwischen etwa 14 und 17 Uhr still, denn dann herrscht die *siesta* (Mittagspause), während der nicht nur Fremdenverkehrsbüros und viele Museen, sondern auch die meisten Geschäfte geschlossen haben.

Castilla-La Mancha – Das historische Zentrum

¡No se lo pierda! – Sehenswertes

Das in Miguel de Cervantes Werk *El ingenioso hidalgo don Quijote de la Mancha* (Der sinnreiche Junker Don Quijote von der Mancha) verewigte Kastilien-La Mancha kann getrost als Herz Spaniens bezeichnet werden, zumindest im geografischen Sinne. Hier auf der dünn besiedelten Hochebene mit ihren Windmühlen scheint vielerorts die Zeit stehengeblieben zu sein. Verpassen Sie nicht die historischen Zeugen vergangener Jahrhunderte wie die Burgen von *Almansa*, *Alarcón*, *Maqueda* oder *Torija*, die hübsche *Plaza Mayor* in *Ciudad Real*, die *Casas Colgadas* (Hängende Häuser) in *Cuenca*, die Prachtbauten von *Guadalajara* und natürlich die kunsthistorischen Baudenkmäler von *Toledo*, z. B. die Stadttore, die Wallfahrtskirche *Cristo de la Vega* oder die ehemaligen Synagogen.

¡Que aproveche! – Regionale Spezialitäten

Die Küche von *Castilla-La Mancha* ist herzhaft und erfindungsreich zugleich. Man liebt hier *gazpachos* (sogenannte „Schäfertöpfe" oftmals mit Kaninchen, Hase oder Rebhuhn) oder *gachas de matanza* (ein Brei aus Kichererbsenmehl mit Schweineleber), die mit *pan ázimo* (einem dünnen Fladenbrot) gegessen werden. Versuchen Sie die *morteruelos* genannten Fleischpasteten, bei denen praktisch jede Stadt ihre eigenen Rezepte hat, oder, wem mehr nach Fisch zumute ist, einen *ajoarriero* (ein Gericht aus Kabeljau, Kartoffeln und reichlich Knoblauch). In ganz Spanien äußerst beliebt sind der Schafskäse *Manchego* und die schlichten weißen Tafelweine aus dem größten Weinbaugebiet des Landes mit Herkunftsbezeichnung namens *D.O. (= Denominación de Origen) La Mancha*.

Para especialistas – Geheimtipps

Nicht nur Kostümfans mag das im Juli stattfindende Mittelalterfest von *Hita* begeistern, das an das Werk des Dichters Juan Ruiz – auch *arcipreste de Hita* (Erzpriester von *Hita*) genannt – erinnert. Geradezu erfrischend im meist karg-trockenen Süden von *Castilla-La Mancha* ist der Naturpark *Lagunas de Ruidera* mit seinen türkis schimmernden Seen.

Gesundheitsprobleme – Problemas de salud

Wo drückt's denn?

Wer Schmerzen hat, sollte in der Lage sein zu beschreiben, wo genau es einem wehtut. Sehen Sie sich die folgenden Wörter an und ordnen Sie sie ihren deutschen Entsprechungen zu.

1. la cabeza
2. el pie
3. la pierna
4. el brazo

5. la mano
6. la barriga
7. el pecho
8. la espalda

a. der Arm, b. der Bauch, c. das Bein, d. die Brust, e. der Fuß, f. die Hand, g. der Kopf, h. der Rücken

Was Sie in dieser Lektion lernen:
• wie man in einer Apotheke Medikamente kauft.
• wie man sagt, was einem passiert ist und wo es einem wehtut.
• wie man sagt, dass man versichert ist.

Medicina española
Das spanische Gesundheitssystem wird vom Nationalen Gesundheitsinstitut **(Insalud)** und von den autonomen Gemeinschaften (Art Bundesländer) verwaltet und verfügt über sogenannte **Centros de Salud**. Bei Beschwerden sucht man sein jeweiliges Gesundheitszentrum auf, je nachdem, in welchem Stadtviertel man wohnt.

In der Apotheke

la farmacia
die Apotheke

el/la farmacéutico/-a
der/die Apotheker/in

Necesito …
Ich brauche …

aspirinas ®
Aspirin ®

un somnífero
ein Schlafmittel

un analgésico
ein Schmerzmittel

¿Tiene receta?
Haben Sie ein Rezept?

Tengo …
Ich habe …

dolor de muelas
Zahnschmerzen

dolor de cabeza
Kopfschmerzen

dolor de barriga
Bauchschmerzen

dolor de garganta
Halsschmerzen

un resfriado
eine Erkältung

fiebre
Fieber

diarrea
Durchfall

alergia
(eine) Allergie

la tensión alta/baja
hohen/niedrigen Blutdruck

náuseas
Übelkeit (mir ist übel)

insolación
(einen) Sonnenstich

¿Qué le pasa exactamente?

Hören Sie sich den folgenden Dialog an. 68

- ● Buenas, dígame.
- ■ Quisiera aspirinas® y algo contra el mareo y las náuseas.
- ● ¿Qué le pasa exactamente? A lo mejor le puedo ayudar.
- ■ Estoy mareado, me duele la cabeza y tengo unas náuseas horribles.
- ● ¿Ha comido algo raro hoy?
- ■ No, no, un gazpacho y una cerveza. Luego he dormido la siesta al sol.
- ● ¡Ah! Yo creo que lo que usted tiene es una insolación. Tiene que beber mucha agua y no ponerse al sol. De todas formas le doy este medicamento.
- ■ ¿Para qué sirve?
- ● Es para el dolor de cabeza y las náuseas.

Worauf es ankommt

Welche Symptome?
Man sagt: Me duele … *(Mir tut … weh.)*, z. B. in Kombination mit la cabeza *(der Kopf)*, el pecho *(die Brust)*, la espalda *(der Rücken)*, el brazo *(der Arm)*, la rodilla *(das Knie)*, el pie *(der Fuß)*, el tobillo *(der Knöchel)* oder einfach aquí *(hier)*.

Der Apotheker sagt
In den meisten Fällen hört man: Yo creo que … *(Ich glaube, dass …)* oder Me parece que … *(Mir scheint, dass …)* tiene … *(Sie haben …)*. Anleitungen zur Einnahme von Medikamenten: Debe tomar este medicamento … veces al día. *(Sie müssen dieses Medikament … Mal am Tag nehmen.)* antes de comer *(vor dem Essen)* oder después de comer *(nach dem Essen)*.

Ein bisschen Grammatik

In Lektion 9 (Seite 74) haben Sie das Partizip der Vergangenheit kennengelernt. In Verbindung mit dem Verb haber *(haben)* – (yo) he, (tú) has, (él/ella/usted) ha, (nosotros/-as) hemos, (vosotros/-as) habéis, (ellos/ellas/ustedes) han – bildet man die zusammengesetzte Vergangenheit (Perfekt):

comer *(essen)* → he comido *(ich habe gegessen)*
dormir *(schlafen)* → has dormido *(du hast geschlafen)*
ir *(gehen)* → hemos ido *(wir sind gegangen)*

Übungen

1 Verständnis und Aussprache

Lesen und hören Sie die folgenden Sätze 69
und sprechen Sie sie bitte nach!

1. Hola, querría un somnífero.
2. Y también algo contra el dolor de cabeza.
3. ¿Qué le pasa exactamente?
4. Tengo dolor de barriga y náuseas.
5. ¿Ha comido algo raro hoy?
6. Usted tiene una insolación.

2 Bitte vervollständigen

Können Sie diesen Dialog mit den angegebenen Wörtern vervollständigen?

muelas – medicamento – fiebre – exactamente – veces – aspirina®

1. Buenas tardes, quisiera una _____.
2. Aquí tiene, ¿pero qué le pasa _____?
3. Tengo dolor de _____.
4. Y pienso que tengo también _____.
5. De todas formas le doy este _____.
6. Debe tomarlo tres _____ al día.

3 Bitte alle Wehwehchen aufzählen

Spielen Sie selbst den Kurzdialog nach dem Muster durch.

¡Ay qué dolor! – Ah, le duele **la cabeza**, ¿verdad?

1. la cabeza
2. el brazo
3. la espalda
4. la rodilla
5. el pie
6. el pecho

4 Passende Formulierungen?

Lesen Sie den Dialog noch einmal und finden Sie die
passenden Formulierungen für die folgenden Situationen.

1. sagen, dass einem der Kopf wehtut
2. fragen, welche Probleme jemand genau hat
3. sagen, dass jemand viel Wasser trinken soll
4. fragen, ob jemand etwas Ungewöhnliches gegessen hat
5. sagen, dass jemand einen Sonnenstich hat
6. sagen, dass man die Siesta in der Sonne verbracht hat

Beim Arzt

el hospital
das Krankenhaus

el médico
der Arzt

el/la dentista
der/die Zahnarzt/-ärztin

el/la enfermero/-a
der/die Krankenpfleger/-schwester

¿Dónde le duele?
Wo tut es Ihnen weh?

Me duelen …
Mir tun … weh.

las muelas
die Zähne

los ojos
die Augen

las piernas
die Beine

Behandlung

Es necesario …
Es ist notwendig …

ingresarle en el hospital
Sie ins Krankenhaus einzuweisen

operar
zu operieren

El hueso está roto.
Der Knochen ist gebrochen.

Me he torcido el tobillo.
Ich habe mir den Knöchel
verstaucht.

Es una distensión.
Es ist eine Zerrung.

Es solo un esguince.
Er ist nur verstaucht.

¿Es alérgico/-a a algo?
Sind Sie gegen etwas allergisch?

Le doy una receta.
Ich geben Ihnen ein Rezept.

Le prescribo …
Ich verschreibe Ihnen …

Me he torcido el tobillo.

Hören Sie sich den folgenden Dialog an. 70

- ■ Buenos días. Tengo una cita a las 12:30 …
- ▲ Buenos días. Me dice su nombre, ¿por favor?
- ■ Müller. No soy español, pero tengo la tarjeta sanitaria europea.
- ▲ Gracias. Ahora le atiende el doctor.

…

- ■ Buenos días, doctor.
- ● Siéntese y cuénteme qué le pasa.
- ■ Esta mañana me he torcido el tobillo y lo tengo muy hinchado. Casi no puedo caminar y me duele mucho.
- ● A ver … ¿le duele aquí?
- ■ ¡Sí, muchísimo! ¿Cree que está roto?
- ● No creo, pero vamos a hacer una radiografía para estar seguros. Probablemente es solo un esguince.
- ■ Eso espero, mañana voy de excursión a la playa con unos amigos.
- ● No es grave, pero no me parece buena idea ir mañana de excursión si no puede caminar …

Worauf es ankommt

Der Arzt fragt

¿Qué problema tiene? *(Was für ein Problem haben Sie?)*, ¿Qué ha comido?
(Was haben Sie gegessen?) oder ¿Cómo ha sucedido? *(Wie ist das passiert?)*

Der Arzt rät

Tiene que … *(Sie müssen …)* hacer dieta blanda *(eine leichte Diät machen)*,
estar en reposo/descansar *(sich ausruhen)*, dormir mucho *(viel schlafen)*

Ein bisschen Grammatik

Einige Verben bilden das Partizip unregelmäßig:

decir *(sagen)*	→	dicho *(gesagt)*
hacer *(machen, tun)*	→	hecho *(gemacht, getan)*
poner *(stellen, legen)*	→	puesto *(gestellt, gelegt)*
romper *(brechen)*	→	roto *(gebrochen)*
ver *(sehen)*	→	visto *(gesehen)*

Übungen

1 Verständnis und Aussprache

Haben Sie den Dialog verstanden? Dann macht es sicher ▶ 71
keine Probleme, diese Sätze nachzusprechen.

1. El dentista le atiende enseguida.
2. ¿Usted tiene la tarjeta sanitaria europea?
3. Creo que me he roto la pierna.
4. Cuénteme cómo ha sucedido.
5. Vamos a hacer una radiografía para estar seguros.
6. Le prescribo solo un analgésico.

2 Aus der Grundform mach Vergangenheit

Setzen Sie die Verben in der angegebenen Person
in die zusammengesetzte Vergangenheit.

él (venir) → él ha venido

1. él – venir
2. tú – hacer
3. yo – romper
4. vosotros/-as – ir
5. nosotros/-as – comer
6. ellos – ver

3 Hören und verstehen

Bitte achten Sie bei diesem Hörtext wieder auf ▶ 72
alle Informationen und ergänzen Sie die
Aussagen bzw. beantworten Sie die Fragen.

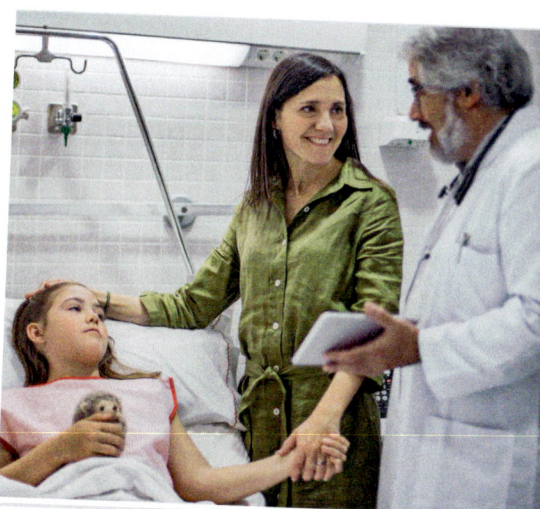

1. A Pablo le duele …
   a. la cabeza
   b. la pierna
2. ¿Qué otro problema tiene?
   a. Tiene un resfriado.
   b. Tiene fiebre.
3. ¿Qué ha comido?
   a. Una paella.
   b. Un gazpacho.
4. Pablo debe …
   a. descansar
   b. beber mucha cerveza

4 Bitte zuordnen

Ordnen Sie jeder Frage eine logische Antwort zu.

1. Cuénteme qué le pasa.
2. ¿Dónde le duele exactamente?
3. ¿Qué ha comido?
4. ¿Cómo ha sucedido?
5. ¿La pierna está rota?
6. ¿Tiene receta?

a. Sí, aquí está.
b. Me duele el pie.
c. No, no lo creo.
d. Aquí doctor.
e. Solo un gazpacho.
f. Me he torcido el pie.

Das Wichtigste auf einen Blick

Allgemeines  73

Allgemeines

¿Qué le pasa?
Was haben Sie?

exactamente
genau

A lo mejor …
Vielleicht …

Luego …
Dann …

de todas formas
auf jeden Fall

¡Siéntese!
Setzen Sie sich!

¡Cuénteme!
Erzählen Sie (es) mir!

probablemente
wahrscheinlich

Eso espero.
Das hoffe ich.

In der Apotheke

la farmacia	die Apotheke
el/la farmacéutico/-a	der/die Apotheker/in
Necesito …	Ich brauche …
un somnífero	ein Schlafmittel
un analgésico	ein Schmerzmittel
¿Tiene receta?	Haben Sie ein Rezept?
Tengo …	Ich habe …
dolor de muelas	Zahnschmerzen
dolor de cabeza	Kopfschmerzen
dolor de barriga	Bauchschmerzen
dolor de espalda	Rückenschmerzen
dolor de garganta	Halsschmerzen
un resfriado	eine Erkältung
fiebre	Fieber
diarrea	Durchfall
la tensión alta/baja	hohen/niedrigen Blutdruck
náuseas	Übelkeit (mir ist übel)
Estoy mareado/-a.	Mir ist schwindelig.

Beim Arzt

El hueso está roto.	Der Knochen ist gebrochen.
Es una distensión.	Es ist eine Zerrung.
¿Es alérgico/-a a algo?	Sind Sie gegen etwas allergisch?
Le prescribo …	Ich verschreibe Ihnen …
No se preocupe, no es nada.	Keine Sorge, es ist nicht schlimm.

Probleme

Tiene una insolación.	Sie haben einen Sonnenstich.
Me ha picado …	Mich hat … gestochen.
un mosquito	eine Stechmücke
una avispa	eine Wespe
una medusa	eine Qualle
una garrapata	eine Zecke
Me ha mordido …	Mich hat … gebissen.
un perro	ein Hund
una serpiente	eine Schlange
Me he caído.	Ich bin gefallen.
Me he quemado.	Ich habe mich verbrannt.
Me he cortado.	Ich habe mich geschnitten.
Soy diabético/-a.	Ich bin Diabetiker/in.

Gesundheit

Krank im Urlaub?

Lieber nicht, doch im Fall der Fälle gilt: mit der
Europäischen Krankenversicherungskarte (EHIC)
können gesetzlich Versicherte europaweit unmittelbar erforderliche medizinische Versorgung in
Anspruch nehmen. Die Karte gilt in allen Ländern
der EU und bei in Deutschland und Österreich
gesetzlich Versicherten ist sie kostenlos bei der
Kasse zu erhalten. Die Vorlage der Karte genügt,
um bei Unfall oder akuter Erkrankung behandelt
zu werden. Gegebenenfalls kann es von Vorteil
sein, eine Auslandsreisekrankenversicherung
abzuschließen, insbesondere hinsichtlich des
Rücktransports im Krankheitsfall.

¿Vosotros sabíais?

Apotheken sind in Spanien zahlreich und leicht zu
finden, man erkennt sie in der Regel an einem grü-
nen Kreuz. Außerhalb der regulären Öffnungszeiten
(meist Mo–Sa 9–14 und Mo–Fr 16.30–20 Uhr) sind
diensthabende Apotheken – *farmacia de guardia* –
den Aushängen zu entnehmen.Bei kleineren Ver-
letzungen kann man sich in Erste-Hilfe-Stationen
(primeros auxilios) begeben. Ansonsten stehen in
größeren Orten Krankenhäuser und Notdienst-
stellen zur Verfügung.

¿Y a usted, qué le pasa?

Wundern Sie sich nicht, wenn Sie in Spanien beim
Arzt im Wartezimmer sitzen, dass sich die anderen
Patienten nach Ihren Leiden erkundigen. Spaniern
ist es offensichtlich unangenehm, sich über längere
Zeit schweigend gegenüberzusitzen. Ob also beim
Arzt, in einem Zugabteil oder an der Bushaltestelle,
man spricht miteinander. Eine tolle Gelegenheit, um
das Gelernte anzuwenden, finden Sie nicht?

Euskadi/País Vasco – Kunst im hohen Norden

No se lo pierda! – Sehenswertes

Wer würde im äußersten Norden Spaniens schon ein Kleinod für Architektur- und Kunstfans vermuten? Doch tatsächlich weist das kleine Baskenland einige echte „Leckerbissen" für kunstbegeisterte Besucher auf, so z. B. das Guggenheim-Museum in *Bilbao*, der Museumspark *Chillida-Leku* in *Hernani*, das Baskische Zentrum der Zeitgenössischen Kunst in *Vitoria* und das *Museo de Bellas Artes* ebenfalls in *Bilbao*.

¡Que aproveche! – Regionale Spezialitäten

Überraschend viele der innovativsten Spitzenköche Spaniens sind aus *Euskadi* und die traditionelle baskische Küche ist es definitiv wert, erkundet zu werden. Die wohl beliebteste Zutat einheimischer Spezialitäten ist der *bacalao* (Stockfisch), den man hier u.a. als *purrusalda* (Eintopf mit Stockfisch, Lauch und Kartoffeln), als Carpaccio oder *al pil-pil* (eingelegter Stockfisch in Knoblauchsauce) liebt. Nicht verpassen sollte man außerdem eine *merluza a la koxkera* (Seehecht mit Erbsen, Spargel und Venusmuscheln), *revueltos de perretxikos* (Rührei mit Pilzen), *pintxos* (die regionale Variante der Tapas) oder den hervorragenden geräucherten *Idiazábal*-Käse.

Para especialistas – Geheimtipps

Wer Abenteuer und Natur sucht, sollte sich weg von der Küste landeinwärts bewegen. Grandios ist z. B. der Öko-Park *El Carpín* bei *Biáñez*, in dem man sehr professionell in die Flora und Fauna Nordspaniens eingeführt wird, sowie die Höhle von *Pozalagua* bei *Ranero* mit ihren kurios gewachsenen Stalaktiten.

TEST 2

1 Welche Antwort stimmt?

Können Sie sich noch an alle Informationen zur Landeskunde erinnern?
Na dann macht Ihnen dieser Test sicher keine Probleme.

1. Tapas gelten in Spanien als …

   a. vollwertiges Hauptgericht
   b. das typische Mittagessen am Sonntag
   c. ideale Stärkung für zwischendurch

2. Das größte spanische Weinbaugebiet mit Herkunftsbezeichnung liegt in …

   a. Castilla y León
   b. Castilla-La Mancha
   c. Castrop-Rauxel

3. Spanier melden sich am Telefon mit …

   a. ¿Hola? oder ¿Hello?
   b. ¿Diga? oder ¿Dígame?
   c. ¿Dónde? oder ¿Quién?

4. In den *estanco* genannten Lädchen bekommt man neben Presse auch …

   a. Postkarten, Süßigkeiten und manchmal alkoholische Getränke
   b. Rauchwaren, Briefmarken und Fahrkarten
   c. Informationen zu Bus- und U-Bahn-Fahrzeiten

5. Im Krankheitsfall braucht man in Spanien zur Behandlung nur …

   a. eine zusätzliche private Auslandsversicherung
   b. einen Arzt, der in Deutschland studiert hat
   c. die Europäische Krankenversicherungskarte (EHIC)

6. Die spanische Mittagspause zwischen 14 und 17 Uhr heißt …

   a. Fiesta
   b. Sesenta
   c. Siesta

2 Fragen und Antworten

Sicherlich haben Sie die letzten sechs Lektionen aufmerksam bearbeitet und machen folglich diese Übung mühelos. Welche Antwort passt zu welcher Frage?

1. ¿Dónde tengo que bajar?
2. ¿Dónde está el baño?
3. ¿Qué talla tiene?
4. ¿Cómo le queda el vestido?
5. ¿Qué me aconseja de postre?
6. ¿Es necesario operar?
7. ¿Te gusta el fútbol?
8. ¿Cuál es el prefijo de España?

a. No sé, no me gusta tanto.
b. El flan o la crema catalana.
c. Es el cero cero tres cuatro.
d. Sí, mucho. Soy del Atlético.
e. En la última parada.
f. Al fondo a la derecha.
g. No, no es grave.
h. Tengo la treinta y ocho.

TEST 2

③ Fit für den „Ernstfall"?

Wiederholen Sie die Gesprächssituationen aus den vergangenen Lektionen, indem Sie selbst mit einem fiktiven Gesprächspartner eine Unterhaltung zu den folgenden Themen führen. Die angegebenen Satzfragmente und Floskeln sollten nur als Richtlinie dienen. Improvisieren ist also wieder angesagt!

1. Sie und ein Bekannter sind in einem Restaurant und haben Hunger.

   - Aquí tienen la carta. ¿Quieren pedir?
   - Sí, querríamos pedir … ¿Tiene carne …?
   - ¿Y qué más? …
   - ¿Qué vino nos recomienda? …

2. Sie sind in einem Handyladen und wollen eine SIM-Karte kaufen.

   - Buenas tardes. Quisiera comprar … de prepago.
   - Aquí tenemos una …, solo cuesta …
   - ¿Y cuánto … las llamadas … y …?
   - Cuestan … y un sms cuesta …

3. Sie sind auf der Bank wegen eines Problems mit Ihrer Kreditkarte.

   - Buenos días, dígame.
   - Soy turista … y tengo un problema con mi tarjeta. Es que …
   - Pues, su banco tiene que …
   - Está bien, pero ¿qué tengo que hacer para recuperar mi tarjeta? …

4. Sie erkundigen sich nach der besten Verbindung, z. B. zum Flughafen.

   - Disculpe, ¿qué hago para ir de aquí a …?
   - Tiene que coger …, son … paradas. Baje …
   - ¿Y de allí …? ¿Qué línea tengo que coger?
   - La …, de allí está muy cerca.

5. Sie kaufen als Selbstversorger Obst und Gemüse auf einem Markt ein.

   - … señores. ¿A quién le toca?
   - A mí. Un kilo de …, por favor, y también …
   - ¿Está bien así? Aquí tiene. ¿Algo más?
   - … vale … ¿Cuánto es?

6. Sie haben Beschwerden und suchen die nächste Apotheke auf.

   - ¿Qué le pasa exactamente?
   - Tengo … y me duele …
   - Yo creo que … Pero dígame, ¿usted ha … hoy?
   - No, pero …

④ Und jetzt noch schnell auf Spanisch!

Gratulation: Sie haben es geschafft und verfügen nun über das nötige „Handwerkszeug", damit Ihr nächster Spanienaufenthalt ein voller Erfolg wird. ¡Que lo pase bien en España! (Viel Spaß in Spanien!)

1. Können Sie mir helfen?
2. Guten Appetit!
3. Ich bin sicher.
4. Sehr freundlich.
5. Die Rechnung, bitte.
6. Sie haben recht!
7. Glauben Sie?
8. Ist es scharf?

Grammatik im Überblick

Verwendete Abkürzungen:
m = männlich, w = weiblich,
Ez = Einzahl, Mz = Mehrzahl

Die wichtigsten Ausspracheregeln des Spanischen

C

- **c** vor **a**, **o** und **u** sowie vor **Konsonanten** wird wie **k** gesprochen:
  casa, comer, cuando, claro, crema, octubre
- **c** vor **e** und **i** wird in Zentral- und Nordspanien wie das stimmlose englische **th** [θ] gesprochen; in Südspanien, auf den Kanarischen Inseln und in Lateinamerika dagegen wie das stimmlose **s** in „da**ss**":
  centro, gracias

CH

- **ch** wird wie **tsch** gesprochen:
  mucho, noche

G

- **g** vor **a**, **o** und **u** sowie vor **Konsonanten** wird wie **g** gesprochen:
  Galicia, agosto, gustar, iglesia, gris
- **g** vor **e** und **i** wird wie **ch** in „Da**ch**" gesprochen:
  ingeniero, corregir
- **gu** vor **e** und **i** wird wie **ge** bzw. **gi** gesprochen:
  albergue, siguiente
- **gü** vor **e** und **i** wird wie **gue** bzw. **gui** gesprochen:
  desagüe, pingüino (Pinguin)

H

- **h** ist immer stumm:
  hablar, ahora

J

- **j** wird wie **ch** in „Da**ch**" gesprochen:
  julio, bajar

LL

- **ll** wird wie eine enge Verbindung von **l** und **j** gesprochen:
  billete, llamar

Ñ

- **ñ** wird wie eine enge Verbindung von **n** und **j** gesprochen:
  baño, señor

Q

- **qu** vor **e** und **i** wird wie **ke** bzw. **ki** gesprochen:
  querer, quinientos

R

- das spanische **r** wird „gerollt":
  ordenador, comer
  Am Wortanfang, nach **l**, **n** und **s** sowie als Doppelkonsonant **rr** wird es
  stark gerollt (zwei oder mehrere Zungenschläge):
  restaurante, alrededores (Umgebung), Enrique, Israel, guitarra (Gitarre)

S

- **s** wird immer stimmlos wie in „da**ss**" gesprochen:
  siete, casa

V

- **v** wird am absoluten Wortanfang wie **b**, im Wortinnern weicher als das
  deutsche **b** gesprochen:
  vino, móvil

X

- **x** wird wie **k** + stimmloses **s** in „da**ss**" gesprochen:
  conexión, próximo

Z

- **z** wird in Zentral- und Nordspanien wie das stimmlose englische **th** [θ] gesprochen;
  in Südspanien, auf den Kanarischen Inseln und in Lateinamerika dagegen wie das
  stimmlose **s** in „da**ss**":
  plaza, azul

Betonung

- Wörter, die auf einen Vokal (oder Diphthong, z. B. **–ia**, **–ie**), **–n** oder **–s** enden,
  werden auf der vorletzten Silbe betont: casa, farmacia, toman, restaurantes
- Wörter, die auf einen Konsonanten (außer **–n** und **–s**) enden, werden
  auf der letzten Silbe betont: comer, ciudad
- Wörter, die entgegen dieser Regeln betont werden, erhalten auf dem
  betonten Vokal einen Akzent: automático, céntimo, dígame, código, número

Hauptwörter (Substantive)

Geschlecht (Genus)

Anders als im Deutschen werden Hauptwörter im Spanischen nicht gebeugt.
Außerdem unterteilt man diese – wie in fast allen anderen romanischen Sprachen –
nur in männliche und weibliche Hauptwörter.
Weibliche Hauptwörter enden in der Regel auf -a, -ad, –ión oder -triz:

cas**a**	Haus
lun**a**	Mond
ciud**ad**	Stadt
habitac**ión**	Zimmer
ac**triz**	Schauspielerin

Männliche Hauptwörter dagegen enden meist auf -o, -aje, -ete, -l, -ón oder -or:

tiemp**o**	Zeit
vi**aje**	Reise
bill**ete**	Fahrkarte, Ticket
paraso**l**	Sonnenschirm
rat**ón**	Maus
señ**or**	Herr

Wörter, die auf -e enden, sind entweder männlich:

coch**e**	Auto

oder weiblich:

noch**e**	Nacht

Dennoch gibt es einige Ausnahmen, und so sind beispielsweise
folgende Hauptwörter weiblich:

foto	Foto
mano	Hand
moto	Motorrad
radio	Radio

und diese männlich:

avión	Flugzeug
problema	Problem
programa	Programm
turista	Tourist

Im Spanischen kann man aus vielen männlichen Hauptwörtern
weibliche machen, indem man die Endung -o durch -a ersetzt.

hijo → hij**a**	Sohn → Tochter
tío → tí**a**	Onkel → Tante

Mehrzahl (Plural)

Die Mehrzahlbildung ist nicht sonderlich kompliziert. Hauptwörter, die auf einen Vokal enden, erhalten in der Mehrzahl ein zusätzliches -s, solche, die auf einen Konsonanten enden, hängen -es an.

cama → cama**s**	Bett → Betten
libro → libro**s**	Buch → Bücher
cliente → cliente**s**	Kunde → Kunden
avión → avion**es**	Flugzeug → Flugzeuge

Geschlechtswörter (Artikel)

Wie das Deutsche kennt auch das Spanische bestimmte (der, die) und unbestimmte (ein, eine) Artikel. Man unterscheidet sowohl männliche und weibliche Artikel als auch Ein- und Mehrzahl.

Bestimmte Artikel

Die bestimmten Artikel heißen:

	Einzahl	Mehrzahl
männlich	**el** vino	**los** vinos
	der Wein	die Weine
weiblich	**la** mujer	**las** mujeres
	die Frau	die Frauen

Unbestimmte Artikel

Die unbestimmten Artikel heißen:

	Einzahl	Mehrzahl
männlich	**un** vino	**unos** vinos
	ein Wein	einige Weine
weiblich	**una** mujer	**unas** mujeres
	eine Frau	einige Frauen

Im Unterschied zum Deutschen kennt das Spanische auch eine Mehrzahlform für den unbestimmten Artikel. Diese Formen (unos/unas) kann man mit „einige" übersetzen:

Voy a comprar unos libros.	Ich werde einige Bücher kaufen.

Vor Zahlen bedeutet unos/unas „ungefähr": unos 200 kilómetros (ungefähr 200 Kilometer).

Eigenschaftswörter (Adjektive)

Eigenschaftswörter stehen in der Regel hinter dem Hauptwort, auf das sie sich beziehen, und richten sich in Geschlecht und Zahl nach diesem. Die männliche Form des Eigenschaftswortes endet in der Einzahl häufig auf -o, die weibliche Form auf -a, die Mehrzahlformen auf -os bzw. auf -as:

el chico guapo → los chicos guapos	der hübsche Junge → die hübschen Jungen
la rosa roja → las rosas rojas	die rote Rose → die roten Rosen

Viele Eigenschaftswörter enden jedoch auf -e oder einen Konsonanten. Diese werden gleichermaßen für männliche und weibliche Hauptwörter gebraucht. In der Mehrzahlform enden sie auf -es:

el niño triste → los niños tristes	das traurige Kind → die traurigen Kinder
la chica feliz → las chicas felices	das glückliche Mädchen → die glücklichen Mädchen

Ausnahmen bilden Eigenschaftswörter, die auf -án, -ín, -ón oder -or enden sowie Nationalitätsadjektive auf Konsonanten (z. B. español und francés). Sie bilden die weibliche Form durch Anhängen von -a und die Mehrzahl durch Anhängen von -es (männlich) bzw. -as (weiblich):

el abogado trabajador → los abogados trabajadores	der fleißige Anwalt → die fleißigen Anwälte

Umstandswörter (Adverbien)

Mit Umstandswörtern kann man Verben, Eigenschaftswörter sowie weitere Umstandswörter näher bestimmen. Man unterscheidet selbstständige Umstandswörter (wie „heute", „immer", „jetzt" usw.), Umstandswörter des Grades („sehr", „mehr", „viel" usw.) und von Eigenschaftswörtern abgeleitete Umstandswörter der Art und Weise. Um diese zu bilden, hängt man an die weibliche Form des Eigenschaftswortes die Endung -mente an:

claro → claramente	deutlich, klar
fácil → fácilmente	einfach
Te lo digo claramente.	Ich sage es dir (ganz) deutlich.

Es gibt zwei wichtige Ausnahmen im Spanischen: Das Umstandswort für bueno (gut) ist bien und für malo (schlecht) mal.

¿Se come bien ahí?	Isst man dort gut?

Steigern & vergleichen

Bei der Steigerung wird das Eigenschaftswort nicht gebeugt, sondern man verwendet die Wörter más (mehr) bzw. menos (weniger), die beim Komparativ (1. Steigerungsstufe) vor das Eigenschaftswort gestellt werden. Der Superlativ (2. Steigerungsstufe) wird gebildet, indem zusätzlich der bestimmte Artikel vorangestellt wird. Dabei richtet sich das Eigenschaftswort und der Artikel in Geschlecht und Zahl nach dem dazugehörigen Hauptwort.

guapo → más guapo → el más guapo	hübsch → hübscher → der hübscheste
guapo → menos guapo → el menos guapo	hübsch → weniger hübsch → der am wenigsten hübsche

guapa → más guapa → la más guapa	hübsch → hübscher → die hübscheste
guapa → menos guapa → la menos guapa	hübsch → weniger hübsch → die am wenigsten hübsche

Daneben kennt das Spanische den absoluten Superlativ, der einen hohen Grad einer Eigenschaft ausdrückt. Man bildet ihn durch Anhängen der Endungen -ísimo bzw. -ísima an das entsprechende Eigenschaftswort. Bei Umstandswörtern ist die Endung -ísimo unveränderlich:

bello → bellísimo	schön → sehr schön, wunderschön
importante → importantísimo	wichtig → sehr wichtig, überaus wichtig
tarde → tardísimo	spät → sehr spät

Wichtige unregelmäßige Steigerungsformen sind:

bueno / bien → mejor → óptimo	gut → besser → sehr gut
malo / mal → peor → pésimo	schlecht → schlechter → sehr schlecht
grande → mayor → máximo	groß → größer → sehr groß
pequeño → menor → mínimo	klein → kleiner → sehr klein

Persönliche Fürwörter (Personalpronomen)

Einzahl

yo	ich
tú	du
él/ella	er/sie
usted	Sie

Mehrzahl

nosotros/nosotras	wir
vosotros/vosotras*	ihr
ellos/ellas	sie (Mz)
ustedes	Sie (Mz) *(formell)*

* In Lateinamerika wird statt vosotros/vosotras die Form ustedes gebraucht.

Im Gegensatz zum Deutschen unterscheidet das Spanische eine männliche und eine weibliche Form für „wir", „ihr" und „sie" (Mehrzahl), wobei für gemischte Gruppen jeweils die männliche Form benutzt wird. Generell werden die persönlichen Fürwörter in der gesprochenen Sprache nur zur Betonung der Person gebraucht, da die handelnde Person meistens eindeutig aus der Endung des Verbs hervorgeht.

Wem? oder wen?

Hauptwörter werden im Spanischen – im Gegensatz zum Deutschen – nicht gebeugt. Die persönlichen Fürwörter dagegen werden auf die Fragen „wem?" oder „wen?" (Objektpronomen) verändert. Die jeweiligen Formen entsprechen dann dem deutschen Dativ (mir, dir, ihm ...) oder Akkusativ (mich, dich, ihn ...). Man unterscheidet zwischen unbetonten und betonten Formen.

Die Formen des Wem-Falls (Dativ) sind:

unbetont	betont	
me	a mí	mir
te	a ti	dir
le	a él, a ella, a usted	ihm, ihr, Ihnen (Ez)
nos	a nosotros/-as	uns
os	a vosotros/-as	euch
les	a ellos/-as, a ustedes	ihnen, Ihnen (Mz)

Die Formen des Wen-Falls (Akkusativ) sind:

unbetont	betont	
me	a mí	mich
te	a ti	dich
lo	a él	ihn
la	a ella	sie
lo, la	a usted	Sie
nos	a nosotros/-as	uns
os	a vosotros/-as	euch
los	a ellos	sie (Mz/m)
las	a ellas	sie (Mz/w)
los, las	a ustedes	Sie (Mz)

Die unbetonten Formen stehen immer unmittelbar vor dem Verb:

Te mando un libro.	Ich schicke dir ein Buch.
Lo llamo mañana.	Ich rufe ihn morgen an.

Die betonten Formen können vor oder nach dem Verb bzw. mit einer Präposition (a, de, por etc.) stehen:

¿A ti te gusta la plaza?	Gefällt dir der Platz?
¿Quién ha visto a ella?	Wer hat sie gesehen?
¿Alguien ha preguntado por mí?	Hat jemand nach mir gefragt?

Sonderformen: conmigo (mit mir), contigo (mit dir).

Diese Objektpronomen können auch als Suffixe an den Infinitiv (Grundform) eines Verbs angehängt werden:

Puede enviarme la confirmación.	Sie können mir die Bestätigung schicken.
¿Puede deletrearlo?	Können Sie das buchstabieren?
Tiene que mandarnos un correo electrónico.	Sie müssen uns eine E-Mail schicken.

Besitzanzeigende Fürwörter (Possessivpronomen)

Die besitzanzeigenden Fürwörter sind abhängig von der Zahl – und
in der 1. und 2. Person Mehrzahl auch vom Geschlecht – des zu besitzenden
Hauptwortes:

Einzahl	Mehrzahl	
mi	mis	mein/e
tu	tus	dein/e
su	sus	sein/e, ihr/e (Ez)
su	sus	Ihr/e (Ez)
nuestro/-a	nuestros/-as	unser/e (m/w)
vuestro/-a	vuestros/-as	euer/eure (m/w)
su	sus	ihr/e (Mz)
su	sus	Ihr/e (Mz)

nuestro hijo	unser Sohn
nuestra hija	unsere Tochter

Doch Vorsicht! In der 3. Person sind die Formen für „sein/e" und „ihr/e"
identisch:

su amiga	seine Freundin/ihre Freundin

Außerdem kennt das Spanische betonte Formen der Possessivpronomen,
die dem Hauptwort nachgestellt und häufig prädikativ – also in Verbindung
mit einem Verb – verwendet werden. Die Formen lauten:

mío	mein
tuyo	dein
suyo	sein/ihr, Ihr (Ez)
nuestro	unser (m/w)
vuestro	euer (m/w)
suyo	ihr, Ihr (Mz)

Alle diese Formen passen sich in Geschlecht und Zahl dem zu besitzenden
Hauptwort an und verändern sich wie Eigenschaftswörter nach folgendem
Schema: mío (m/Ez), mía (w/Ez), míos (m/Mz), mías (w/Mz) usw.

Todo eso es mío, el resto es tuyo.	All das gehört mir, der Rest gehört dir.
Mi coche es blanco. ¿Qué color tiene el vuestro?	Mein Auto ist weiß. Welche Farbe hat eures?

Hinweisende Fürwörter (Demonstrativbegleiter & -pronomen)

Die hinweisenden Fürwörter werden im Spanischen vor das Hauptwort gestellt
(Demonstrativbegleiter) oder ersetzen dieses (Demonstrativpronomen). Sie richten
sich in Zahl und Geschlecht nach dem Hauptwort.

Ez (m)	Ez (w)	Mz (m)	Mz (w)	
este	esta	estos	estas	dieser/-e/-es (hier)
ese	esa	esos	esas	dieser/-e/-es (da)
aquel	aquella	aquellos	aquellas	dieser/-e/-es (dort), jener/-e/-es

Die Demonstrativbegleiter este, esta usw. weisen auf Personen und Gegenstände hin, die sich in der Nähe des Sprechenden befinden. Ese, esa usw. beziehen sich dagegen auf solche, die sich in der Nähe des Gesprächspartners befinden, während sich aquel, aquella usw. auf Personen und Gegenstände beziehen, die sowohl vom Sprechenden als auch vom Gesprächspartner entfernt sind.

Este libro es caro.	Dieses Buch (hier) ist teuer.
Esa casa es grande.	Dieses Haus (da) ist groß.
¿Es aquella chica tu novia?	Ist das Mädchen dort deine Freundin?

Die Formen der Demonstrativpronomen sind mit denen der Demonstrativbegleiter identisch, zur Unterscheidung können sie jedoch einen Akzent tragen, müssen aber nicht:

Éste/Este es nuestro y aquéllo/aquello es vuestro.	Dieser gehört uns und jener euch.
Ésta/Esta es bella, pero aquélla/aquella es fea.	Diese ist schön, aber jene ist hässlich.

Tätigkeitswörter (Verben)

sein & haben

Zuerst einmal die vier spanischen Entsprechungen für „sein" und „haben", die allesamt unregelmäßig sind. Da man sie sowohl in einfachen Sätzen als auch zur Bildung von zusammengesetzten Zeitformen benötigt, kommt man leider nicht darum herum, sie auswendig zu lernen.

	ser	**sein**
(yo)	soy	ich bin
(tú)	eres	du bist
(él/ella, usted)	es	er/sie ist, Sie sind
(nosotros/-as)	somos	wir sind
(vosotros/-as)	sois	ihr seid
(ellos/ellas, ustedes)	son	sie/Sie (Mz) sind

	estar	**sein, sich befinden**
(yo)	estoy	ich bin
(tú)	estás	du bist
(él/ella, usted)	está	er/sie ist, Sie sind
(nosotros/-as)	estamos	wir sind
(vosotros/-as)	estáis	ihr seid
(ellos/ellas, ustedes)	están	sie/Sie (Mz) sind

Ser wird bei Zeitangaben, Material- und Stoffbeschreibungen, Herkunft, Besitz, Zugehörigkeit, Preisen sowie bei Angaben zu Charakter und Aussehen verwendet. Estar dagegen benutzt man bei (veränderlichen) Gemüts- und Gesundheitszuständen sowie bei Ortsangaben.

¿Eres español?	Bist du Spanier?
Estoy cansado.	Ich bin müde.

	haber	**haben**
(yo)	he	ich habe
(tú)	has	du hast
(él/ella, usted)	ha	er/sie hat, Sie haben
(nosotros/-as)	hemos	wir haben
(vosotros/-as)	habéis	ihr habt
(ellos/ellas, ustedes)	han	sie/Sie (Mz) haben

	tener	**haben, besitzen**
(yo)	tengo	ich habe
(tú)	tienes	du hast
(él/ella, usted)	tiene	er/sie hat, Sie haben
(nosotros/-as)	tenemos	wir haben
(vosotros/-as)	tenéis	ihr habt
(ellos/ellas, ustedes)	tienen	sie/Sie (Mz) haben

Haber verwendet man fast ausschließlich als Hilfsverb zur Bildung der zusammengesetzten Vergangenheitsformen, tener dagegen deckt alle weiteren Bedeutungen des deutschen „haben, besitzen" ab.

Esta semana he comido mucho.	Diese Woche habe ich viel gegessen.
Tenemos un coche.	Wir haben ein Auto.

Tener in Verbindung mit que bedeutet „müssen".

¿Qué tengo que hacer?	Was muss ich tun?

Wie bereits erwähnt, werden die persönlichen Fürwörter nur zur Betonung der Person verwendet, da die handelnde Person meist eindeutig aus der Form des Verbs hervorgeht.

Regelmäßige Verben
Die spanischen Verben bestehen aus einem Stamm und einer Endung. In der Grundform (Infinitiv) gibt es die folgenden drei Endungen: -ar, -er und -ir.

hablar	comer	vivir
sprechen	essen	leben

Gegenwart (Präsens)

Bei der Beugung im Präsens ersetzt man die Endung der Grundform durch die Endung für die handelnde Person („ich", „du" usw.). Der Stamm bleibt dabei unverändert. Dennoch gilt: Je nach Endung der Grundform werden die Verben unterschiedlich gebeugt, wobei die Unterschiede nicht allzu groß sind. Die Bindestriche in der folgenden Tabelle sollen nur die Beugungsendung hervorheben.

	habl-ar	**sprechen**
(yo)	habl-o	ich spreche
(tú)	habl-as	du sprichst
(él/ella, usted)	habl-a	er/sie spricht, Sie sprechen
(nosotros/-as)	habl-amos	wir sprechen
(vosotros/-as)	habl-áis	ihr sprechen
(ellos/ellas, ustedes)	habl-an	sie/Sie (Mz) sprechen

	com-er	**essen**
(yo)	com-o	ich esse
(tú)	com-es	du isst
(él/ella, usted)	com-e	er/sie isst, Sie essen
(nosotros/-as)	com-emos	wir essen
(vosotros/-as)	com-éis	ihr esst
(ellos/ellas, ustedes)	com-en	sie/Sie (Mz) essen

	viv-ir	**leben**
(yo)	viv-o	ich lebe
(tú)	viv-es	du lebst
(él/ella, usted)	viv-e	er/sie lebt, Sie leben
(nosotros/-as)	viv-imos	wir leben
(vosotros/-as)	viv-ís	ihr lebt
(ellos/ellas, ustedes)	viv-en	sie/Sie (Mz) leben

Unregelmäßige Verben

Neben zahlreichen regelmäßigen Verben kennt das Spanische auch einige unregelmäßige, zu denen viele der am häufigsten gebrauchten gehören, wie z. B.:

	dar (geben)	**decir** (sagen)	**hacer** (machen, tun)	**ir** (gehen)
(yo)	doy	digo	hago	voy
(tú)	das	dices	haces	vas
(él/ella, usted)	da	dice	hace	va
(nosotros/-as)	damos	decimos	hacemos	vamos
(vosotros/-as)	dais	decís	hacéis	vais
(ellos/ellas, ustedes)	dan	dicen	hacen	van

	poder (können)	querer (wollen)	saber (wissen)	traer (bringen)
(yo)	puedo	quiero	sé	traigo
(tú)	puedes	quieres	sabes	traes
(él/ella, usted)	puede	quiere	sabe	trae
(nosotros/-as)	podemos	queremos	sabemos	traemos
(vosotros/-as)	podéis	queréis	sabéis	traéis
(ellos/ellas, ustedes)	pueden	quieren	saben	traen

Rückbezügliche Verben (reflexive Verben)

Ähnlich wie das Deutsche kennt auch das Spanische rückbezügliche Verben, also solche, bei denen sich die Handlung auf die handelnde Person bezieht („ich wasche mich"). Diese haben in der Grundform stets die zusätzliche Endung -se („sich"), z. B. lavarse („sich waschen"). Bei der Beugung trennt sich -se von der Grundform und wird zu einem selbstständigen rückbezüglichen Fürwort, das vor dem Verb steht.
Hier sämtliche Formen im Überblick:

	lavarse	sich waschen
(yo)	me lavo	ich wasche mich
(tú)	te lavas	du wäschst dich
(él/ella, usted)	se lava	er/sie wäscht sich, Sie waschen sich
(nosotros/-as)	nos lavamos	wir waschen uns
(vosotros/-as)	os laváis	ihr wascht euch
(ellos/ellas, ustedes)	se lavan	sie/Sie (Mz) waschen sich

Vergangenheit (Perfekt)

Das Spanische kennt mehrere Vergangenheitsformen. Wir beschränken uns hier auf das Perfekt, z. B. „ich habe gesprochen", das insbesondere in Verbindung mit Zeitangaben mit einem Gegenwartsbezug wie hoy (heute), ya (schon) oder esta semana (diese Woche) verwendet wird. Zur Bildung des Perfekts benötigt man eine Form von haber (z. B. he ich habe) und das Partizip Perfekt (z. B. hablado gesprochen): he hablado (ich habe gesprochen). Das Partizip Perfekt der regelmäßigen Verben wird folgendermaßen gebildet:

Verben auf -ar:	-ar wird durch -ado ersetzt: hablar → hablado
Verben auf -er und -ir:	-er bzw. -ir wird durch -ido ersetzt: comer → comido, vivir → vivido

He hablado y ellos han entendido.	Ich habe gesprochen und sie haben verstanden.
¿Con quién has ido al cine?	Mit wem bist du ins Kino gegangen?

Einige wichtige Verben bilden das Partizip Perfekt unregelmäßig:

abrir (öffnen)	abierto (geöffnet)
decir (sagen)	dicho (gesagt)
escribir (schreiben)	escrito (geschrieben)

hacer (machen, tun)	hecho (gemacht, getan)
ir (gehen)	ido (gegangen)
poner (stellen, legen)	puesto (gestellt, gelegt)
ser (sein)	sido (gewesen)
ver (sehen)	visto (gesehen)
volver (zurückkehren)	vuelto (zurückgekehrt)

Bei der Form ¿Vosotros sabíais? (Wussten Sie?) handelt es sich um das sogenannte Imperfekt. Die Bildung dieser Zeitform wird im Rahmen dieses Sprachkurses nicht behandelt.

Zukunft (Futur)

Die einfachste und gebräuchlichste Form, die Zukunft auszudrücken, ist es, die Gegenwart des Verbs mit einem auf die Zukunft hinweisenden Zeitwort zu gebrauchen.

¿Qué haces mañana?	Was machst du morgen?

Außerdem kann man das gebeugte Verb ir a (gehen zu) vor den Infinitiv eines anderen Verbs stellen und bildet damit die zusammengesetzte Zukunft.

La próxima semana va a llover.	Nächste Woche wird es regnen.

Konditional

Mit dem Konditional bringt man eine Bitte oder einen Wunsch auf besonders elegante und höfliche Weise zum Ausdruck. Jedoch ist die Bildung des Konditional nicht ganz einfach, daher genügt es, wenn Sie sich die gängigsten Formen, die in diesem Sprachkurs vorkommen, merken.

(yo)	estaría	ich wäre
(él/ella, usted)	estaría	er/sie wäre, Sie wären
(yo)	podría	ich könnte
(él/ella, usted)	podría	er/sie könnte, Sie könnten
(yo)	querría	ich hätte gerne/möchte
(nosotros/-as)	querríamos	wir hätten gerne/möchten

¿Podría traerme otra almohada, por favor?	Könnten Sie mir noch ein Kopfkissen bringen?
Me gustaría ir al teatro.	Ich würde gerne ins Theater gehen.

Im Laufe der Lektionen haben Sie auch den Ausdruck quisiera (ich hätte gerne, ich möchte) kennengelernt, bei dem es sich um den Konjunktiv Imperfekt handelt. Es genügt, wenn Sie sich quisiera als feststehende Floskel einprägen.

Verneinung

Aussage- und Fragesätze werden durch no verneint, wobei no grundsätzlich vor dem Verb steht.

No puedo pagar.	Ich kann nicht zahlen.
¿No tienes tiempo?	Hast du keine Zeit?

Möchte man dagegen ausdrücken, dass etwas „nicht mehr" passiert, stellt man vor no ein ya (schon).

Ya no tengo dinero.	Ich habe kein Geld mehr.

Die Wörtchen nunca und jamás (nie, niemals) werden dem Verb nachgestellt.

No he estado nunca/jamás en Madrid.	Ich bin (noch) nie in Madrid gewesen.

Fragen

Bitte beachten Sie: Das Fragezeichen steht zusätzlich umgekehrt vor dem Satz.

Entscheidungsfragen

Entscheidungsfragen sind Fragen, die man mit sí (ja), no (nein) oder a lo mejor, quizá(s) bzw. talvez (alle: vielleicht) beantworten kann. Die einfachste Art, eine Entscheidungsfrage zu stellen, ist es, am Ende eines normalen Aussagesatzes etwas die Stimme fragend anzuheben.

¿Vas a Toledo?	Gehst/Fährst du nach Toledo?

Ergänzungsfragen

Ergänzungsfragen haben einen vollständigen Satz als Antwort. Sie werden normalerweise durch Fragewörter eingeleitet. Die wichtigsten Fragewörter sind:

¿cuánto?	wie viel?
¿cómo?	wie?
¿dónde?	wo?
¿cuál?	welcher?
¿por qué?	warum?
¿cuándo?	wann?
¿quién?	wer?
¿qué?	was?

¿Cuándo vas a llegar?	Wann kommst du an?

Verhältniswörter (Präpositionen)

Die wichtigsten spanischen Verhältniswörter sind:

a	an, nach, um, zu
con	mit

de	aus, von
desde	aus, seit, von
en	in, bei, mit, zu, an
entre	zwischen
hasta	bis
para	für, zu
por	durch, wegen, für, um

Die Präpositionen a und de verschmelzen mit dem nachfolgenden bestimmten Artikel el wie folgt:

a + el = al
de + el = del

Auffordern & befehlen (Imperativ)

Bitte beachten Sie: Das Ausrufezeichen steht zusätzlich umgekehrt vor dem Satz.

Die Befehlsform (Imperativ) wird wie folgt gebildet:

Verben auf -ar

¡Canta!	Singe!
¡Cante!	Singen Sie!
¡Cantemos!	Lass(t) uns singen!
¡Cantad!	Singt!

Verben auf -er

¡Vende!	Verkaufe!
¡Venda!	Verkaufen Sie!
¡Vendamos!	Lass(t) uns verkaufen!
¡Vended!	Verkauft!

Verben auf -ir

¡Vive!	Lebe!
¡Viva!	Leben Sie!
¡Vivamos!	Lass(t) uns leben!
¡Vivid!	Lebt!

Wichtige Ausnahmen sind z. B.:

¿Diga?	Sagen Sie? („Hallo" am Telefon)
¡Introduzca su código secreto!	Geben Sie Ihre Geheimzahl ein!
¡Vaya!	Gehen Sie!

Objektpronomen werden in der Regel an die Formen des Imperativs angehängt. Das ist auch bei den rückbezüglichen Verben der Fall:

¡Siéntese y cuénteme!	Setzen Sie sich und erzählen Sie mir!

Lösungen der Übungen und Transkription der Hörtexte

Lektion 1

Schon längst bekannt, nicht wahr?
1. – e., 2. – d., 3. – b., 4. – a., 5. – c.

Dialog A
- Guten Tag/Morgen, Herr García.
- Guten Tag/Morgen, Frau Domínguez.
- Wie geht es Ihnen?
- Sehr gut, danke. Und Ihnen?
- Mir geht es gut, danke. Ich stelle Ihnen meinen Ehemann Jorge vor.
- ▲ Angenehm.
- Ich stelle Ihnen meine Frau Marta vor.
- ◆ Sehr erfreut.
- Hier ist unser Zug. Bis bald, „Señores".
- Auf Wiedersehen und gute Reise.

Übungen A
2. 1. – a., 2. – b., 3. – b., 4. – a.

3. 1. – a., 2. – a., 3. – a., 4 – b.

Hörtext:
- Hola, María, ¿cómo estás?
- Hola, Enrique, estoy bien, gracias. Y tú, ¿cómo estás?
- No estoy mal. ¿Cómo está el señor Luis?
- Está regular. ¿Y cómo está la señora Tur?
- Está bien.

4. 1. – e., 2. – d., 3. – a., 4. – b., 5. – c.

Dialog B
- Hallo, Raquel, wie geht es dir?
- Hallo, Antonio! Mir geht es gut, und dir, wie geht es dir denn so?
- Na ja, es geht so. Ich bin heute sehr müde.
- Du Armer, das tut mir leid. Schau mal, das ist Carlos, ein Freund.
- Hallo, Carlos.
- ▲ Hallo, Antonio.
- Und deine Freundin?
- Sie ist nicht meine Freundin, sondern meine Cousine. Sie heißt Ana.
- Willkommen in Barcelona, Ana.
- ◆ Danke!

Übungen B
2. 1. Hola, Ana. Te presento a mi amiga.
  2. Hola, Esteban. Te presento a mi compañero.
  3. Hola, Raquel. Te presento a mi hermana.
  4. Hola, Antonio. Te presento a mi primo.
  5. Hola, María. Te presento a mi colega.

3. 1. – e., 2. – a., 3. – b./d./f., 4. – b./d./f., 5. – c., 6. – b./d./f.

4. 1. – c., 2. – a., 3. – f., 4. – d., 5. – e., 6. – b.

Lektion 2

Nicht immer ganz leicht!
1. – g., 2. – e., 3. – f., 4. – h., 5. – b., 6. – d., 7. – c., 8. – a

Dialog A
- Entschuldigung, ist der Platz frei?
- Ja.
- Danke.
- Entschuldigen Sie (mich), aber Sie sind kein Spanier, oder?
- Nein, ich bin Deutscher. Und Sie, woher sind Sie?
- Ich bin Spanierin, aus Málaga, aber ich arbeite jetzt hier in Madrid.
- Málaga, was für eine schöne Stadt!

- Und Sie, aus welcher Stadt in Deutschland sind Sie?
- Ich bin aus Berlin.
- Sind Sie in Madrid als Tourist?
- Nein, ich wohne hier. Meine Frau ist Spanierin.
- Ach so! Was für ein Glück!

Übungen A

2. 1. Perdone. Usted no es español, ¿verdad?
2. No, soy alemán. Pero vivo en Barcelona.
3. ¡Qué ciudad tan bonita! ¿Y en qué trabaja?
4. Trabajo en un banco, ¿y usted? 5. No trabajo. Estoy aquí para hacer turismo. 6. Adiós y buen viaje.

3. 1. Perdone, ¿está libre? 2. ¿De dónde eres (tú)? / ¿De dónde es (usted)? 3. Vivo en … 4. Trabajo en una oficina. 5. Trabajo en un banco. 6. Mi marido es español.

4. 1. – c., 2. – b., 3. – d., 4. – a., 5. – f., 6. – e.

Dialog B

- Hallo. Du bist Heike, nicht wahr?
- Ja, ja … und du, wie heißt du?
- Ich heiße Antonio, ich bin ein Freund von Carmen.
- Ach ja! Stimmt! Hallo, Antonio.
- Du bist Französin, oder?
- Nein, nein. Ich bin Deutsche, aus Frankfurt.
- Ah gut, und bist du alleine in Spanien?
- Nein, ich bin hier mit meiner Schwester und meiner Tochter.
- Ach so! Bist du verheiratet?
- Ich bin getrennt. Und du?
- Ich bin verheiratet und habe einen Sohn. Und was machst du in Spanien?
- Ich bin Übersetzerin und arbeite viel hier.
- Ah, interessant!
- Also, ich muss jetzt arbeiten.
- Ja, selbstverständlich. Bis bald.
- Auf Wiedersehen.

Übungen B

2. 1. ¿Cómo estás? 2. Tú eres de Berna, ¿verdad? 3. Mi hermana está casada. 4. ¿Usted es español? 5. Estoy muy cansado hoy. 6. Soy austriaco, ¿y tú?

3. 1. – b., 2. – a., 3. – a.

Hörtext:
- ¡Hola, Rafael!
- ¡Hola, Silke! ¿Qué tal? Te presento a Carmen, mi mujer. Carmen, esta es Silke, es alemana.
- Hola, encantada.
- Hola. No soy alemana, soy austriaca, mi marido es alemán.
- Ah, perdona.

4. 1. – c., 2. – e., 3. – f., 4. – b., 5. – d., 6. – a.

Lektion 3

Dialog A

- Entschuldigen Sie, wie viel Uhr ist es?
- Es ist halb drei.
- Wann kommen wir in Córdoba an?
- Córdoba? Dieser Zug fährt nicht nach Córdoba!
- Wie bitte?
- Um nach Córdoba zu fahren, müssen Sie in Sevilla umsteigen. Es ist die nächste Station.
- Und wann kommen wir an?
- Ich weiß es nicht genau, aber wir können den Schaffner fragen.
- Die Fahrkarten, bitte.
- Bitte schön. Entschuldigen Sie, um wie viel Uhr kommen wir in Sevilla an?
- Wir haben zehn Minuten Verspätung. Der Zug kommt um Viertel nach drei am Gleis acht an.
- Vielen Dank.
- Bitte. Gute Reise!

Übungen A

2. 1. Llevamos cinco minutos de retraso. 2. ¿A qué hora llegamos? 3. Este tren no va a Jerez de la Frontera. 4. Usted tiene que cambiar de

tren en Murcia. 5. Podemos preguntar al
revisor. 6. El tren a Córdoba sale a las cuatro.

3. 1. – 9, 2. – 8, 3. – 12, 4. – 6, 5. – 5, 6. – 3, 7. – 4,
8. – 11, 9. – 2, 10. – 1, 11. – 10, 12. – 7

4. 1. ¿Qué hora es? – Son las tres y media. 2. Son
las siete y cuarto. 3. Son las cinco menos
cuarto. 4. Son las cinco. 5. Son las doce. / Es
mediodía. 6. Es la una y media. 7. Son las tres
menos cuarto. 8. Son las doce. / Es medianoche. 9. Son las once y cuarto. 10. Son las seis
y media. 11. Son las nueve menos cuarto.
12. Son las diez.

Dialog B

- Entschuldigen Sie, wo ist die Touristen-
information?
- Sie ist dort, aber sie ist heute geschlossen.
Es gibt noch eine auf der Plaza de España.
- Ist es weit von hier?
- Ein wenig, ja.
- Kann ich zu Fuß gehen?
- Am besten nehmen Sie den Bus. Der C3.
- Sehr gut. Wissen Sie, wo die Bushaltestelle
ist?
- Ja, sie ist gleich hier gegenüber. Sie müssen
den Platz überqueren.
- Wo kaufe ich die Fahrkarte?
- Im Bus, beim Fahrer.
- Danke.
- Bitte. Auf Wiedersehen.

Übungen B

2. 1. Disculpe, ¿la oficina de turismo está lejos?
2. Sí, está muy lejos. No puede ir a pie. 3. ¿Es
mejor coger el metro? 4. Sí, debe bajarse en la
Plaza de España. 5. Muy bien, pero ¿dónde está
la estación del metro? 6. Está aquí enfrente.

3. 1. – a., 2. – b., 3. – a.
Hörtext:
- Perdone, ¿dónde está la oficina de turismo?

- Está en la calle Mayor.
- ¿Está lejos de aquí?
- No, no está lejos, pero hoy está cerrada.
- Gracias.

4. 1. ¿Cómo llego allí? – Tiene que coger el tranvía. 2. ¿Cómo llego a la Plaza del Parque? –
Tiene que coger un taxi. 3. ¿Cómo llego al
centro? – Tiene que ir andando. 4. ¿Cómo
llego a Granada? – Tiene que coger el autobús.
5. ¿Cómo llego a la Plaza Colón? – Tiene que
coger el metro. 6. ¿Cómo llego a Bilbao? –
Tiene que coger el tren.

Lektion 4

Dialog A

- Guten Tag/Morgen, kann ich Ihnen helfen?
- Ja, ich suche ein Hotel in Sevilla für heute.
- (Für) Wie viele Nächte?
- Drei Nächte.
- Für wie viele Personen?
- Zwei Personen.
- Mal sehen … Ja, hier habe ich eins, das Hotel
Emperador. Ein Doppelzimmer kostet 100
Euro pro Nacht.
- Na ja, es ist ein wenig teuer …
- Eine andere Alternative ist das Hotel
Al-Andalus, 70 Euro pro Nacht.
- Ist es weit vom Zentrum?
- Nein, nein. Es ist in der Nähe vom Prado de
San Sebastián.
- Alles klar, haben Sie die Telefonnummer?
- Ja, bitte schön: 954 421 238.
- Vielen Dank.
- Bitte, auf Wiedersehen.

Übungen A

2. 1. habitaciones, 2. días, 3. noches, 4. estrellas,
5. teléfonos, 6. estudiantes, 7. números,
8. direcciones, 9. autobuses, 10. horas,
11. pensiones, 12. paradas

3. 1. Cuesta noventa y cinco euros por noche.

2. Cuesta setenta euros por noche.

3. Cuesta cuarenta y nueve euros por noche.

4. Cuesta ochenta y cuatro euros por noche.

5. Cuesta treinta y dos euros por noche.

6. Cuesta cincuenta y un euros por noche.

7. Cuesta dieciocho euros por noche.

8. Cuesta veintitrés euros por noche.

9. Cuesta sesenta y seis euros por noche.

10. Cuesta ochenta y nueve euros por noche.

11. Cuesta cuarenta euros por noche.

12. Cuesta treinta y siete euros por noche.

4. 1. Busco una pensión para tres noches.
2. Tengo una habitación individual o una doble. 3. Está bien, ¿pero para cuántos días?
4. El hotel no está en el centro, ¿verdad?
5. ¿Me puede dar el número? 6. Lamentablemente es un poco caro.

Dialog B

● Guten Tag/Morgen, Hotel Al-Andalus.

■ Guten Tag/Morgen, haben Sie freie Zimmer für heute?

● Für wie viele Nächte?

■ Drei Nächte im Doppelzimmer.

● Ja, kein Problem, auf welchen Namen?

■ Zimmermann.

● Können Sie es buchstabieren, bitte?

■ Klar. Z wie Zaragoza, I wie Italia, M wie María, M wie María, E wie España, R wie Ramón, M wie María, A wie Antonio …

● Ja, ja. Zimmermann, danke. Um wie viel Uhr kommen Sie an?

■ Ungefähr (mehr oder weniger) um drei. Können Sie mir bitte die Bestätigung schicken?

● Haben Sie eine E-Mail-Adresse?

■ Ja, zimmermann@webmail.de.

● Sehr gut, dann bis heute Nachmittag.

Übungen B

3. 1. – a., 2. – a., 3. – b., 4. – a.

Hörtext:

● Buenos días, busco una habitación doble para dos noches.

■ ¿Para cuándo?

● Para mañana.

■ No hay problema. ¿A qué hora llegan?

● A las cinco.

■ Muy bien.

● ¿Puede enviarme la confirmación? Mi correo electrónico es mgarcia@aol.es.

■ Claro.

● Gracias.

■ Hasta mañana, señor García.

● Hasta mañana.

4. 1. Quisiera reservar una habitación doble para dos noches, por favor. 2. Quisiera reservar una habitación individual para una noche, por favor. 3. Quisiera reservar una habitación de matrimonio para cuatro noches, por favor. 4. Quisiera reservar tres habitaciones individuales para cinco noches, por favor. 5. Quisiera reservar dos habitaciones dobles para tres noches, por favor.

Lektion 5

Luxus pur

1. Bett, 2. Telefon, 3. Schrank, 4. Tisch, 5. Fernseher, 6. Stuhl, 7. Teppich, 8. Ventilator, 9. Kissen, 10. Lampe

Dialog A

● Hallo, wir haben eine Reservierung für heute.

■ Hallo, sagen Sie mir bitte Ihren Namen?

● Mein Name ist Markus Richter. Hier ist die Bestätigung.

■ Danke. Haben Sie einen Personalausweis?

● Bitte schön.

- Sehr gut, danke. Die Reservierung ist für zwei Nächte, nicht wahr?
- Nein, nein, für drei. Wir reisen am Samstag ab.
- Einverstanden. Ihr Zimmer ist die Nummer 25 und befindet sich im zweiten Stock. Hier ist Ihr Schlüssel.
- Danke. Entschuldigen Sie, das Frühstück ist im Preis inbegriffen, oder?
- Genau. Es wird im Erdgeschoss von 7 bis 10 Uhr morgens serviert.
- Vielen Dank, guten Abend.
- Auch Ihnen einen guten Abend.

Übungen A

2. 1. – b., 2. – a., 3. – a., 4. – b.

3. 1. Necesito una habitación individual para dos noches. 2. Tengo una reserva de una habitación doble. 3. Quisiera una habitación de matrimonio. 4. Tengo un comprobante de la reserva. 5. Quisiera una habitación con desayuno incluido. 6. Me quedo cuatro noches.

4. 1. Nos quedamos una noche, salimos el lunes. 2. Nos quedamos dos noches, salimos el martes. 3. Nos quedamos tres noches, salimos el miércoles. 4. Nos quedamos cuatro noches, salimos el jueves. 5. Nos quedamos cinco noches, salimos el viernes. 6. Nos quedamos seis noches, salimos el sábado. 7. Nos quedamos siete noches, salimos el domingo.

Dialog B

- Rezeption, guten Tag/Abend.
- Guten Tag/Abend. Ich rufe von Zimmer 25 an.
- Was kann ich für Sie tun?
- Es tut mir leid, aber mir gefällt das Zimmer nicht. Haben sie nicht ein größeres und ruhigeres, das nicht zur Straße hin liegt?
- Es tut mir sehr leid, aber das Hotel ist heute ausgebucht. Morgen wird ein Zimmer mit Meerblick frei.

- Sehr gut, aber es gibt ein anderes Problem.
- Und das wäre?
- Die Dusche funktioniert nicht und es gibt kein heißes Wasser. Außerdem schließt das Fenster nicht.
- Du meine Güte! Keine Sorge, ich schicke Ihnen gleich jemanden.
- Danke, und könnten Sie mir bitte noch ein Kissen bringen?
- Natürlich. Guten Tag/Abend.
- Guten Tag/Abend.

Übungen B

2. 1. El ascensor no funciona. 2. La habitación no me gusta. 3. No hay una habitación más tranquila. 4. La ventana no cierra. 5. El hotel no está completo. 6. ¿Tiene una habitación que no dé a la calle? / ¿No tiene una habitación que dé a la calle?

3. 1. – b., 2. – b., 3. – b., 4. – b.

Hörtext:
- Recepción, buenas tardes.
- Soy Miguel Martínez de la habitación 202.
- ¿En qué puedo ayudarle?
- Querría una habitación más tranquila. Además el secador de pelo no funciona y hay solo agua fría.
- Lo siento mucho, el hotel está completo pero ahora mismo le mando a alguien.
- Muchas gracias.
- Por supuesto.

4. 1. – b., 2. – a., 3. – b.

Lektion 6

Trockene Kehlen
1. Bier, 2. Espresso, 3. Milchkaffee, 4. Cappuccino, 5. Tee, 6. Weißwein, 7. Rotwein, 8. Wasser mit Kohlensäure

Dialog A
- Guten Tag/Morgen, was nehmen Sie?

- Guten Tag/Abend. Ich hätte gern einen Milchkaffee und einen Schinkentoast, bitte.
- Sonst noch etwas?
- Nein, das ist alles, danke.

…

- Bitte schön.
- Danke. Wissen Sie, wo die Kathedrale ist?
- Ja, sie ist hier ganz in der Nähe.
- Können Sie mir den Weg erklären?
- Klar. Sie müssen diese Straße geradeaus bis zur Ampel gehen. Dann die erste rechts.
- Danke.

…

- Möchten Sie noch etwas?
- Ein Glas Wasser und die Rechnung, bitte.

Übungen A

2. 1. Buenos días, ¿qué quiere tomar? 2. Querría una copa de vino tinto, por favor. 3. ¿Sabe dónde está la catedral? 4. Sí, pero está un poco lejos de aquí. 5. Tiene que cruzar la Plaza de la Constitución. 6. Y luego tiene que girar a la derecha.

3. 1. Luego tiene que girar a la derecha. 2. Luego tiene que cruzar la calle. 3. Luego tiene que seguir todo recto. 4. Luego tiene que dar la vuelta ahí. 5. Luego tiene que girar a la izquierda. 6. Luego tiene que regresar hasta la plaza.

4. 1. Querría … / Para mí … 2. ¿Qué quiere(s) tomar? 3. ¿Me puede explicar el camino? 4. ¿Está lejos la Plaza de la Catedral? 5. Tiene que seguir todo recto hasta el semáforo.

Dialog B

- Was kann man (denn) hier abends machen?
- Na ja, es kommt darauf an. Was gefällt Ihnen denn?
- Ich tanze gern. Gibt es hier eine Disko?
- Na ja, Sie müssen ein wenig zu Fuß gehen oder die U-Bahn nehmen, es ist weit weg.
- Wie lange braucht man?
- Eine halbe Stunde zu Fuß.
- Nein, dann nicht…

- Mögen Sie Theaterstücke?
- Nein, nicht sehr. Ich mag lieber romantische Filme.
- Also, morgen beginnt das Filmfestival.
- Fantastisch! … Nun, gibt es (denn) hier ein Kino?
- Ja, klar! Es gibt ein sehr großes direkt gegenüber dem Hotel.
- Danke.

Übungen B

2. 1. Hola, ¿hay una tasca por aquí?
2. Sí, ¡claro! Está justo enfrente del hotel.
3. Bueno, depende. No me gusta mucho bailar.
4. Prefiero las películas románticas.
5. Mañana empieza el festival de teatro.
6. ¡Fantástico! Me gustan las obras de teatro.

3. 1. – a., 2. – a., 3. – a.

Hörtext:
- Buenos días, ¿qué quiere tomar?
- Un café con leche, por favor. … Perdone, ¿qué se puede hacer aquí por la noche?
- Bueno, depende. ¿Qué le gusta?
- Me gusta bailar. ¿Hay alguna discoteca por aquí?
- Bueno, hay una, pero tiene que caminar un poco o coger el metro, está lejos.

4. 1. – e., 2. – c., 3. – f., 4. – a., 5. – d., 6. – b.

TEST 1

1. 1. – c., 2. – b., 3. – a., 4. – b., 5. – c., 6. – b.

2. 1. – f., 2. – g., 3. – e., 4. – d., 5. – c., 6. – a., 7. – h., 8. – b.

3. Mögliche Dialoge:

1. Sie treffen Ihren Bekannten Herrn Martínez.
- Buenos días, señor Martínez. ¿Cómo está?
- Muy bien. ¿Y usted?
- Estoy bien/regular, gracias. Le presento a mi amigo/colega/esposa.
- Adiós y buen viaje.

2. Sie halten einen Plausch mit einem/einer Fremden.
- Usted no es español/a, ¿verdad?
- No, soy alemán/alemana/austriaco/-a, de Berlín/Viena. ¿Y usted?
- Soy de Madrid/Barcelona/Sevilla. ¿En qué trabaja?
- Soy estudiante/comerciante/pensionista. ¿Usted está casado/-a?

3. Sie rufen bei einem Hotel zwecks Zimmerreservierung an.
- Buenas tardes, hotel Emperador/Don Pedro, ¿puedo ayudarle?
- ¿Tiene una habitación individual/doble libre para hoy/mañana/el próximo lunes?
- Sí, no hay problema, ¿a qué nombre?
- Me llamo Meyer/Schmidt/Schneider. ¿Puede enviarme la confirmación, por favor?

4. Sie sitzen im Zug und erkundigen sich beim Schaffner.
- Perdone, ¿a qué hora llegamos a Burgos/Murcia/Salamanca?
- Llevamos cinco/diez/veinte minutos de retraso. El tren llega a las dos y media/tres menos cuarto.
- ¿A qué hora y de dónde sale el tren para Cádiz/Zaragoza?
- El tren sale a las cinco/seis/siete, del andén trece/catorce/quince.

5. Ihre Freundin Carolina läuft Ihnen zufällig über den Weg.
- Hola, Carolina, ¿cómo estás?
- Bien/Muy bien/Regular. Te presento a un amigo/una amiga.
- Un placer, ¿es español?
- No, es alemán/suizo. ¡Hasta luego!

6. Sie erkundigen sich an der Hotelrezeption.
- Perdone/Disculpe. ¿Qué se puede hacer aquí por la noche?

- Bueno, depende. Hay bares/pubs y si le gusta bailar, hay una discoteca.
- Prefiero una obra de teatro/una película/un concierto. ¿No hay un teatro/un cine/una fiesta?
- Sí, ¡claro! Hay uno/-a en la calle Cervantes/Santa Cruz.

4. 1. ¿Qué hora es? 2. ¡Buen viaje!, 3. No te preocupes./No se preocupe. 4.¡Hasta la próxima!, 5. Querría un café con leche. 6. Busco un hotel. 7. Encantado/a. 8. ¿Dónde está la oficina de turismo?

Lektion 7

Und was ist Ihr Leibgericht?
1. Karamellpudding, 2. Oliven, 3. Paella (Reisgericht), 4. Serrano-Schinken, 5. Schafskäse aus La Mancha, 6. Kartoffelomelett
Auf dem Foto sind 2., 4. und 6. abgebildet.

Dialog A
- Guten Tag/Abend, haben Sie einen Tisch für zwei Personen?
- Ja, ist es hier in Ordnung?
- Ja, danke.
…
- Hier ist die Karte.
- ▲ Wir möchten etwas Typisches essen. Was empfehlen Sie uns?
- Als ersten Gang haben wir einen sehr guten Gazpacho.
- Enthält Gazpacho Fleisch? Ich bin nämlich Vegetarierin.
- Nein, nein. Gazpacho enthält kein Fleisch, nur Gemüse.
- Dann nehme ich den Gazpacho.
- ▲ Ich nehme einen Thunfischsalat.
- Und zum Trinken?
- ▲ Eine Flasche Mineralwasser, bitte.
- (Kommt) sofort.

Übungen A

2. 1. – b., 2. – a., 3. – a.

3. 1. – a., 2. – b., 3. – b.

Hörtext:
- Buenas tardes, ¿tienen mesa para una persona?
- Sí, ¿está bien aquí?
- Sí, gracias.
- Aquí tiene la carta.
- Gracias … Quiero tomar algo típico. ¿Qué me recomienda?
- De entrante tenemos un salmorejo buenísimo.
- ¿Tiene carne? Es que soy vegetariana.
- Sí, lleva jamón.
- Entonces tomo una ensalada.
- ¿Y para beber?
- Una copa de vino.
- ¿Blanco?
- No, tinto, por favor.

4. 1. – d., 2. – f., 3. – e., 4. – c., 5. – a., 6. – b.

Dialog B

- Bitte schön.
- Aber … was ist (denn) das?
- Kalbsragout und Thunfischsalat.
- Das habe ich (aber) nicht bestellt. Ich habe Gazpacho bestellt.
- Und der Salat?
- Ja, der Salat ist O.K./in Ordnung.
- Einen Moment, bitte.

…
- Schmeckt dir der Gazpacho?
- Ja, er schmeckt mir sehr.
- Möchtest du noch etwas haben/essen?
- Ja. Wir können einen Nachtisch bestellen, oder?
- Hört sich gut an/Finde ich gut. Herr Ober! Was haben Sie als Nachtisch?
- Wir haben Früchte der Saison, Eis und Karamellpudding.

- Für mich einen Karamellpudding.
- Für mich einen Espresso und die Rechnung, bitte.

Übungen B

2. 1. – b., 2. – b., 3. – a., 4. – b.

3. 1. ¿Tienen vino de la casa? – Sí, tenemos vino blanco y tinto. 2. ¿Tienen agua mineral? – Sí, tenemos agua con gas y sin gas. 3. ¿Tienen sal? – Sí, tenemos sal y pimienta. 4. ¿Tienen aceite? – Sí, tenemos aceite y vinagre. 5. ¿Tienen postre? – Sí, tenemos postre y café. 6. ¿Tienen flan? – Sí, tenemos flan, fruta y helados.

4. 1. ¿Y cómo está la carne? 2. Me gusta mucho. 3. Y el restaurante también me gusta mucho. 4. ¿Desea tomar postre? 5. No, gracias, solo tomo café. 6. ¡Camarero, la cuenta, por favor!

Lektion 8

E-Mails auf Spanisch!
1. – b., 2. – e., 3. – d., 4. – a., 5. – c.

Dialog A

- Hallo, guten Tag/Abend. Ich habe eine Frage. Gibt es im Zimmer WLAN?
- Hallo. Ja, selbstverständlich. Und es ist kostenlos.
- Sehr gut. Können Sie mir bitte das Passwort geben?
- Hier ist es. Sie haben Netz im ganzen Hotel.

…
- Das WLAN funktioniert nicht.
- Normalerweise gibt es kein Problem. Sind Sie sicher, dass Sie das Passwort korrekt eingegeben haben? Vielleicht können Sie es noch einmal versuchen. Es ist wichtig, alles in Kleinbuchstaben zu schreiben.
- Ich habe es gemacht, wie Sie es sagen. Ab und zu funktioniert es, ab und zu nicht. Das Problem ist, dass die Verbindung sehr schwach ist.

- Oh, das tut mir leid, machen Sie sich keine Sorgen, dann werde ich Ihnen jemanden schicken, der den Hotspot überprüft. Mal sehen, ob es danach besser funktioniert, O.K.?
- Ja, perfekt. Vielen Dank.

Übungen A

2. 1. Hola, tengo una pregunta. ¿Hay wifi en la habitación? 2. Por supuesto, señor. 3. ¿Puede darme la contraseña? 4. No necesita una contraseña. 5. ¿Cuánto cuesta? 6. Nada, es gratuito.

3. 1. ¿Hay wifi en la habitación? 2. ¿El wifi es gratuito? 3. ¿Puede darme la contraseña? 4. El wifi no funciona. 5. La conexión es muy débil.

4. 1. ¿Puedes darme la contraseña para el wifi? 2. ¿Puedo ayudarle? 3. Podemos intentarlo otra vez. 4. Hay wifi en mi casa, podéis usarlo. 5. ¿Pueden mandar a alquien para controlar el hotspot, por favor?

Dialog B

- Guten Tag/Abend. Ich möchte eine SIM-Karte kaufen.
- Mit Vertrag oder Prepaid?
- Nein, nein, Prepaid. Was kostet das?
- Hier haben wir eine mit einem guten Tarif. Sie kostet 500 Pesos.
- Und was kostet die Minute?
- Die Minute kostet 3 Pesos. Außerdem kostet der Verbindungsaufbau 6 Pesos.
- Und was kostet es, ins Ausland anzurufen?
- Es gibt eine Grundgebühr, sie kostet 15 Pesos die Minute. Die Karte hat ein Guthaben von 150 Pesos.
- Na ja, nicht schlecht.
- Außerdem, wenn Sie das Guthaben heute aufladen, bekommen Sie zusätzlich 300 Pesos.
- O.K., ich nehme sie.

Übungen B

2. 1. – d., 2. – f., 3. – a., 4. – b., 5. – c., 6. – e.

3. 1. – a., 2. – b., 3. – a., 4. – a.

Hörtext:
- Buenas tardes, ¿tienen tarjetas SIM?
- ¿De contrato o de prepago?
- De prepago, por favor.
- Sí, hay una que cuesta 500 (quinientos) pesos y viene con 100 (cien) pesos de saldo.
- ¿Y cuánto cuesta llamar por minuto?
- 5 (cinco) pesos el minuto.

4. 1. – d., 2. – b., 3. – e., 4. – c., 5. – a.

Lektion 9

Herzliche Urlaubsgrüße

1. Foto oben links – Gruß oben rechts, 2. Foto rechts – Gruß links, 3. Foto unten links – Gruß unten rechts

Dialog A

Führen Sie die Karte ein …
Geben Sie Ihren PIN-Code ein und drücken Sie „Bestätigen".
Ungültige Karte. Führen Sie die Karte ein …
- Wie bitte?
Führen Sie die Karte ein …
- Aber die Karte ist ja schon drin!
Führen Sie die Karte ein …
- Guten Tag/Morgen, bitte schön …
- Der Geldautomat ist blockiert und gibt mir die Karte nicht zurück!
- Vielleicht haben Sie Ihren PIN-Code falsch eingegeben?
- Nein, nein, der Code ist richtig, ich bin mir sicher. Was muss ich tun, um meine Karte wiederzubekommen?
- Keine Sorge, Sie können sie morgen wieder haben.
- Wie bitte? Morgen?! Kann ich sie nicht sofort wieder haben? Ich habe kein Geld und außerdem muss ich das Hotel bezahlen.

- Ihre Bank muss uns eine E-Mail mit der Genehmigung schicken. (Es ist) aus Sicherheitsgründen. Es tut mir leid, aber das sind die Regeln …
- Gut. Sagen Sie mir bitte die E-Mail-Adresse.

Übungen A

2. 1. Tengo que pagar el hotel. 2. ¿Usted puede mandar un correo electrónico? 3. El código está bien. 4. Estoy seguro. 5. ¡No se preocupe! 6. El cajero se ha bloqueado.

3. 1. bloqueado, 2. marcado, 3. introducido, 4. mandado, 5. preocupado, 6. perdido

4. 1. 20 más 14 son 34, 2. 34 menos 32 son 2, 3. 2 más 17 son 19, 4. 19 más 55 son 74, 5. 74 menos 42 son 32, 6. 32 menos 19 son 13, 7. 13 más 36 son 49, 8. 49 menos 10 son 39, 9. 39 menos 14 son 25, 10. 25 más 30 son 55, 11. 55 menos 9 son 46, 12. 46 más 26 son 72

Dialog B

- Morgen. Ich nehme diese Zeitung, diese Postkarten und drei Briefmarken nach Deutschland, bitte.
- Das macht sechs Euro.
- Ach ja! Und ein Päckchen Pfefferminzkaugummis.
- Es tut mir leid, aber ich habe keine mehr …
- Schade … Entschuldigen Sie, wo kann ich (denn) dieses Paket verschicken?
- Auf der Post.

…

- ▲ Der Nächste, bitte!
- Guten Tag/Morgen. Ich möchte dieses Paket nach Deutschland schicken.
- ▲ Normal oder mit Luftpost?
- Normal, bitte. Gibt es einen Sondertarif für Bücher?
- ▲ Ja, es macht fünf Euro und zwanzig Cent.
- Bitte schön.
- ▲ Und das ist Ihre Quittung. Schönen Tag noch.

Übungen B

2. 1. Hola, me llevo esta postal, por favor. 2. ¿Algo más? 3. Sí, necesito también un sello. 4. ¿El sello es para España? 5. No, es para Suiza. 6. Entonces son tres euros. 7. Aquí tiene, gracias.

3. 1. – a., 2. – a., 3. – b.

Hörtext:
- Hola. Quiero enviar un paquete a Suiza.
- ¿Normal o por avión?
- Por avión es más caro, ¿verdad?
- Sí, mucho más caro …
- Entonces normal. Y además necesito tres sellos para postales a Alemania.
- Aquí tiene.

4. 1. Querría mandar este paquete a Alemania. 2. Querría mandar esta postal a Austria. 3. Querría mandar esta carta a Suiza. 4. Querría mandar estos paquetes a Francia. 5. Querría mandar estas postales a Italia. 6. Querría mandar estas cartas a España.

Lektion 10

Das liebe Wetter!

1. Foto unten rechts, 2. Foto oben rechts, 3. Foto unten links, 4. Foto oben links, 5. Foto unten Mitte

Dialog A

- Guten Tag/Morgen, eine Fahrkarte, bitte.
- Das macht zwei Euro.
- Entschuldigen Sie, was kostet eine Wochenkarte?
- Die Wochenkarte kostet 20 Euro, aber Sie können sie nicht hier im Bus kaufen, Sie müssen sie an einem Kiosk kaufen.
- O.K., jetzt brauche ich nur eine einfache Fahrkarte. Ich möchte zum Flughafen.

- Also, es tut mir sehr leid, aber dieser Bus fährt nicht zum Flughafen. Dieser ist Nummer 12 und der, der zum Flughafen fährt, ist Nummer 21.
- Und wie komme ich jetzt zum Flughafen? Ich werde den Flug verpassen!
- Sie müssen an der nächsten Haltestelle aussteigen und die U-Bahn Richtung Plaza de España nehmen. Von dort aus fährt die Linie 21 zum Flughafen …
- Danke, das ist sehr nett von Ihnen.

Übungen A

2. 1. ¿Qué hago para ir al aeropuerto? 2. ¿Qué hago para ir al puerto? 3. ¿Qué hago para ir a la estación? 4. ¿Qué hago para ir a la plaza de toros? 5. ¿Qué hago para ir al zoológico? 6. ¿Qué hago para ir al mar? 7. ¿Qué hago para ir al mercado? 8. ¿Qué hago para ir al parque municipal?

3. 1. Está bien, le voy a avisar. 2. Usted va a coger el número tres. 3. Tú vas a comprar el billete en el autobús. 4. Usted solo va a necesitar un billete sencillo. 5. Dígame por favor, ¿cuándo vamos a llegar?

4. 1. ¿Cuánto cuesta un bono mensual? 2. Necesito un billete sencillo, por favor. 3. Vaya hasta la estación Plaza del Triunfo. 4. Hoy hay huelga, tienes que coger un taxi. 5. Voy al centro, ¿cuántas paradas son? 6. Disculpe, ¿qué línea hay que coger?

Dialog B

- Morgen, ich möchte ein Fahrrad mieten.
- Möchtest du es für heute?
- Ja.
- Hmm … du musst ein bisschen warten. Wir haben nur noch eins übrig und es hat einen Platten; es muss repariert werden.
- Oh Gott! Muss ich lange warten?
- Nein, nein. Ungefähr 5 Minuten.
- Na ja, kein Problem.

- Wow, wie kalt es heute ist, oder?
- Ja! Ist es immer so kalt hier?
- Nein! Im April ist das Wetter immer sehr unbeständig. Manchmal regnet es, manchmal ist es heiß …
- Es ist kälter als in meinem Land.
- Wo kommst du denn her?
- Ich bin Deutscher, aus Hamburg.
…
- Ah, schau mal! Das Fahrrad ist schon fertig!

Übungen B

2. 1. – b., 2. – f., 3. – e., 4. – c., 5. – a., 6. – d.

3. 1. – b., 2. – b., 3. – b.

Hörtext:
- Buenas, quisiera alquilar dos bicicletas.
- Tiene que esperar un poco. Solo nos quedan dos y una está pinchada; hay que repararla.
- ¿Tengo que esperar mucho?
- Unos 15 minutos.
- Bueno, hoy hace calor, espero en la calle.
- Muy bien.

4. 1. Hoy hace calor. 2. Hace frío y nieva. 3. Hace buen tiempo y hace sol. 4. Hace mal tiempo y hace/hay niebla. 5. Está nublado y hace viento. 6. Creo que va a mejorar.

Lektion 11

Bringen Sie Farbe in Ihr Spanisch
1. weiß, 2. gelb, 3. blau, 4. schwarz, 5. grün, 6. rot

Dialog A
- Wer ist dran?
- Ich. Ein Kilo Tomaten, bitte.
- Darf's sonst noch etwas sein?
- Und noch ein Pfund Paprika.
- Für Salat oder zum Braten?
- Zum Braten, von den roten.
- Sonst noch etwas?
- Was kosten die Gurken?
- 30 Cent.

- O.K., dann zwei Gurken und noch ein Dutzend Eier.
- Heute habe ich keine Eier, aber morgen schon.
- Na ja. Dann ist das alles. Was macht es?
- Fünf Euro.
- Bitte schön. Tschüss.
- Auf Wiedersehen.

Übungen A

2. 1. – b., 2. – b., 3. – a.

3. 1. Me pone un kilo de manzanas, por favor. 2. Me pone medio kilo de melocotones, por favor. 3. Me pone dos kilos de naranjas, por favor. 4. Me pone una docena de huevos, por favor. 5. Me pone media docena de patatas, por favor. 6. Me pone cien gramos de queso, por favor.

4. 1. Necesito una barra de pan, por favor. 2. Necesito un paquete de pasta, por favor. 3. Necesito una lata de atún, por favor. 4. Necesito una botella de vino, por favor. 5. Necesito una tarrina de yogur, por favor. 6. Necesito un tarro de mermelada, por favor.

Dialog B

- Guten Tag/Morgen, kann ich Ihnen helfen?
- Ja, ich würde gern das Kleid im Schaufenster ansehen.
- Das gemusterte.
- Nein, nein, dieses grüne da.
- Welche Größe haben Sie?
- Größe 38.
- Bitte schön. Sie können in die Umkleidekabine rübergehen.

…

- Wie steht es Ihnen?
- Ich weiß nicht, ich mag es nicht allzu sehr. Ich glaube, es ist etwas zu eng.
- Eng? Überhaupt nicht! Es steht Ihnen perfekt! Sie haben eine sehr gute Figur.
- Meinen Sie, ja? …

- Selbstverständlich! Und wenn Sie zu dem Kleid diese Stöckelschuhe tragen, wäre es ideal.
- Mal sehen … Ja, Sie haben recht.
- Um das Outfit zu vervollständigen, können Sie auch diese Tasche und dieses Halstuch nehmen …

Übungen B

2. 1. ¿Cuánto cuesta esta chaqueta? 2. ¿Cómo le queda este vestido? 3. Estos zapatos no me gustan mucho. 4. ¡Qué bonitas son estas medias! 5. ¿Tienen esta camisa también en rojo? 6. Estos vaqueros me quedan muy estrechos.

3. 1. – b., 2. – b., 3. – a.

Hörtext:
- Buenos días, ¿le puedo ayudar?
- Sí, quisiera ver la chaqueta azul del escaparate.
- Aquí tiene. Puede pasar al probador.

…

- ¿Cómo le queda?
- Me gusta mucho. Pero creo que me queda un poco estrecha.
- Entonces voy a buscarle una talla más grande …

4. 1. – a., 2. – b., 3. – a.

Lektion 12

Wo drückt's denn?
1. – g., 2. – e., 3. – c., 4. – a., 5. – f., 6. – b., 7. – d., 8. – h.

Dialog A

- Morgen, bitte schön.
- Ich hätte gern Aspirin® und etwas gegen Schwindel und Übelkeit.
- Was haben Sie denn genau? Vielleicht kann ich Ihnen (ja) helfen.
- Mir ist schwindelig, ich habe Kopfschmerzen und mir ist furchtbar übel.

- Haben Sie heute etwas Ungewöhnliches gegessen?
- Nein, nein, einen Gazpacho und ein Bier. Danach machte ich ein Nickerchen in der Sonne.
- Ach so! Ich glaube, Sie haben einen Sonnenstich. Sie müssen sehr viel Wasser trinken und die Sonne meiden. Ich gebe Ihnen trotzdem dieses Medikament.
- Wofür ist es?
- Für die Kopfschmerzen und die Übelkeit.

Übungen A

2. 1. Buenas tardes, quisiera una aspirina®.
2. Aquí tiene, ¿pero qué le pasa exactamente?
3. Tengo dolor de muelas. 4. Y pienso que tengo también fiebre. 5. De todas formas le doy este medicamento. 6. Debe tomarlo tres veces al día.

3. 1. ¡Ay qué dolor! – Ah, le duele la cabeza, ¿verdad? 2. ¡Ay qué dolor! – Ah, le duele el brazo, ¿verdad? 3. ¡Ay qué dolor! – Ah, le duele la espalda, ¿verdad? 4. ¡Ay qué dolor! – Ah, le duele la rodilla, ¿verdad? 5. ¡Ay qué dolor! – Ah, le duele el pie, ¿verdad? 6. ¡Ay qué dolor! – Ah, le duele el pecho, ¿verdad?

4. 1. Me duele la cabeza. 2. ¿Qué le pasa exactamente? 3. Tiene que beber mucha agua. 4. ¿Ha comido algo raro? 5. Tiene una insolación. 6. He dormido la siesta al sol.

Dialog B

- Guten Tag/Morgen. Ich habe einen Termin um 12:30 Uhr …
- ▲ Guten Tag/Morgen. Sagen Sie mir bitte Ihren Namen?
- Müller. Ich bin kein Spanier, aber ich habe die Europäische Krankenversicherungskarte.
- ▲ Danke. Der Doktor wird Sie gleich behandeln.

…

- Guten Tag/Morgen, Herr Doktor.

- Setzen Sie sich und sagen Sie mir, was Sie haben.
- Heute Morgen habe ich mir den Knöchel verstaucht und er ist ziemlich geschwollen. Ich kann fast nicht laufen und er tut mir sehr weh.
- Mal sehen … tut es Ihnen hier weh?
- Ja, sehr sogar! Glauben Sie, er ist gebrochen?
- Ich glaube nicht, aber wir werden ein Röntgenbild machen, um sicher zu sein. Er ist wahrscheinlich nur verstaucht.
- Das will ich hoffen, morgen mache ich mit ein paar Freunden einen Ausflug an den Strand.
- Es ist nichts Ernstes, aber ich denke nicht, dass es eine gute Idee ist, morgen einen Ausflug zu machen, wenn Sie nicht laufen können …

Übungen B

2. 1. (él) ha venido 2. (tú) has hecho
3. (yo) he roto 4. (vosotros/-as) habéis ido
5. (nosotros/-as) hemos comido 6. (ellos) han visto

3. 1. – a., 2. – b., 3. – a., 4. – a.

Hörtext:
- Buenas, dígame.
- Quisiera aspirinas®, por favor.
- ¿Qué le pasa exactamente? A lo mejor le puedo ayudar.
- Me duele la cabeza y tengo fiebre.
- ¿Ha comido algo raro hoy?
- No, no, un plato de paella y una cerveza.
- Parece cansado, debe descansar y beber mucha agua. Aquí tiene sus aspirinas® para el dolor de cabeza.
- Gracias.

4. 1. – b., 2. – d., 3. – e., 4. – f., 5. – c., 6. – a.

TEST 2

1. 1. – c., 2. – b., 3. – b., 4. – b., 5. – c., 6. – c.

2. 1. – e., 2. – f., 3. – h., 4. – a., 5. – b., 6. – g., 7. – d., 8. – c.

3. Mögliche Dialoge:

1. *Sie und ein Bekannter sind in einem Restaurant und haben Hunger.*
- Aquí tienen la carta. ¿Quieren pedir?
- Sí, querríamos pedir un entrante/un primero. ¿Tiene carne la ensalada/la tortilla/el gazpacho?
- No, no tiene carne./Sí, tiene carne. ¿Y qué más? ¿También quieren un segundo?
- No, solo algo de beber. ¿Qué vino nos recomienda? …

2. *Sie sind in einem Handyladen und wollen eine SIM-Karte kaufen.*
- Buenas tardes. Quisiera comprar una tarjeta SIM de prepago.
- Aquí tenemos una muy buena/no tan cara, solo cuesta trescientos/quinientos pesos.
- ¿Y cuánto cuestan las llamadas internacionales/nacionales y los mensajes?
- Cuestan tres/cinco pesos y un sms cuesta dos/cuatro pesos.

3. *Sie sind auf der Bank wegen eines Problems mit Ihrer Kreditkarte.*
- Buenos días, dígame.
- Soy turista alemán/austriaco/suizo y tengo un problema con mi tarjeta. Es que el cajero se ha bloqueado y no me devuelve la tarjeta.
- Pues, su banco tiene que mandarnos un correo electrónico.
- Está bien, pero ¿qué tengo que hacer para recuperar mi tarjeta? Necesito dinero para pagar el hotel/el coche.

4. *Sie erkundigen sich nach der besten Verbindung, z. B. zum Flughafen.*
- Disculpe, ¿qué hago para ir de aquí al aeropuerto?
- Tiene que coger el autobús/la línea tres, son cuatro/seis/siete paradas. Baje en La Catedral/Plaza de España.
- ¿Y de allí sigo en metro/tranvía? ¿Qué línea tengo que coger?
- La ocho/nueve/once hasta la última parada, de allí está muy cerca.

5. *Sie kaufen als Selbstversorger Obst und Gemüse auf einem Markt ein.*
- Buenos días/Buenas tardes, señores. ¿A quién le toca?
- A mí. Un kilo de tomates/manzanas/naranjas, por favor, y también una lechuga/una sandía.
- ¿Está bien así? Aquí tiene. ¿Algo más?
- Sí, vale así, ya está. ¿Cuánto es?

6. *Sie haben Beschwerden und suchen die nächste Apotheke auf.*
- ¿Qué le pasa exactamente?
- Tengo fiebre/diarrea/náuseas y me duele la cabeza/la barriga/el pecho.
- Yo creo que usted tiene un resfriado/una insolación/una alergia. Pero dígame, ¿usted ha comido algo raro hoy?
- No, pero no he bebido mucha agua/he bebido mucha cerveza.

4. 1. ¿Me puede ayudar? 2. ¡Que aproveche!
3. Estoy seguro/-a. 4. Muy amable.
5. La cuenta, por favor. 6. Usted tiene razón.
7. ¿Usted cree? 8. ¿Está picante?

Alphabetischer Wortschatz
Spanisch – Deutsch

Die Zahl verweist auf die Lektion, in der das Wort zum ersten Mal erscheint.
Das Geschlecht der Hauptwörter ist mit *m.* für männlich und *w.* für weiblich angegeben,
Ez. bedeutet Einzahl und *Mz.* Mehrzahl. Die weibliche Endung der Eigenschaftswörter,
Nationalitäts- und Berufsbezeichnungen ist jeweils nach dem Schrägstrich angegeben.
Wo diese Angabe fehlt, ist die weibliche Form mit der männlichen identisch.

A

a 1	zu, nach, in
a la brasa 7	gegrillt (*auf Holzkohle*)
a la plancha 7	gegrillt (*allgemein*)
a lo mejor 8	vielleicht
a pie 3	zu Fuß
¿A qué hora? 3	Um wie viel Uhr?
¿A quién le toca? 11	Wer ist an der Reihe?
a veces 8	manchmal
a ver 4	mal sehen
abierto/-a *m./w.* 3	geöffnet
abogado/-a *m./w.* 2	Anwalt/Anwältin
abrazo *m.* 9	Umarmung
abril *m.* 4	April
abrir 5	öffnen, aufmachen
abuela *w.* 2	Großmutter, Oma
abuelo *m.* 2	Großvater, Opa
acampar 5	campen
aceite *m.* 7	Öl
aceituna *w.* 7	Olive
aconsejar 7	empfehlen
activar 8	aktivieren
acuerdo *m.* 5	Einverständnis, Übereinkommen
acuse de recibo *m.* 9	Empfangsbestätigung
además 5	außerdem
adiós 1	auf Wiedersehen
¿Adónde? 3	Wohin?
aeropuerto *m.* 10	Flughafen
agosto *m.* 4	August

agradecer 4	danken	
agricultura w. 11	Landwirtschaft	
agua (el -) w. 5	Wasser	
agua con gas (el -) w. 7	Sprudelwasser	
agua mineral (el -) w. 7	Mineralwasser	
agua sin gas (el -) w. 7	stilles Wasser	
ahí 3	da	
ahora 2	jetzt	
aire m. 5	Luft, Wind	
aire acondicionado m. 5	Klimaanlage	
al (a + el) 3	zum, am	
al contado 5	in bar	
al fondo 7	hinten	
al lado (de) 6	neben	
albergue juvenil m. 4	Jugendherberge	
albóndigas w./Mz. 7	Fleischbällchen in Sauce	
alemán/alemana m./w. 2	deutsch, Deutsche/r	
Alemania w. 2	Deutschland	
alergia w. 12	Allergie	
alérgico/-a m./w. 7	allergisch	
alfombra w. 5	Teppich	
algo 6	etwas	
alguien 5	jemand	
algún, alguno/-a m./w. 6	irgendein/e	
alimentación w. 11	Lebensmittel, Ernährung	
allí 3	dort	
almohada w. 5	Kissen	
alquilar 4	mieten	
alternativa w. 4	Alternative	
alto/-a m./w. 4	hoch, laut	
ama de casa (el -) w. 2	Hausfrau	
amable m./w. 10	freundlich, nett	
amarillo/-a m./w. 11	gelb	
americano/-a m./w. 6	amerikanisch, Amerikaner/in	
amiga w. 1	Freundin	
amigo m. 1	Freund	
analgésico m. 12	Schmerzmittel	
ancho/-a m./w. 11	weit (Kleidung), breit	
anchoa w. 7	Anchovis	

andando 6	(zu Fuß) gehend	
andar 6	(zu Fuß) gehen	
andén m. 3	Bahnsteig	
anoche 5	gestern Abend/Nacht	
antes 10	vorher, früher	
antes (de) 12	vor (*zeitlich*)	
año m. 2	Jahr	
aparcamiento m. 4	Parkplatz	
apartamento m. 4	Wohnung	
apellido m. 5	Nachname	
aperitivo m. 6	Aperitif	
aquí 1	hier	
armario m. 5	Schrank	
arquitecto/-a m./w. 2	Architekt/in	
arroba w. 4	at (@)	
arte (artes)	Kunst	
(m. oder w./Mz.) 10		
asado/-a m./w. 7	gebraten	
asar 11	braten	
ascensor m. 5	Lift	
así 5	so	
aspirina® w. 12	Aspirin®	
atascado/-a m./w. 5	verstopft	
atención al cliente w. 8	Kundendienst	
atender 12	betreuen, *hier:* empfangen	
atentamente 4	mit freundlichen Grüßen (*Brief*)	
atún m. 7	Thunfisch	
aún 10	noch	
Austria w. 2	Österreich	
austriaco/-a m./w. 2	österreichisch, Österreicher/in	
autobús m. 3	Bus	
autocaravana w. 5	Wohnmobil	
autor m. 11	Autor	
autorización w. 9	Bevollmächtigung, Genehmigung	
avenida w. 10	Allee	
avión m. 9	Flugzeug	
avisar 10	Bescheid geben	
avispa w. 12	Wespe	
ayudar 4	helfen	

ayuntamiento *m.* 10	Rathaus	_____
azul *m./w.* 4	blau	_____

B

bailar 6	tanzen	_____
bajarse 3	aussteigen	_____
¡Bájese! 10	Steigen Sie aus!	_____
balcón *m.* 4	Balkon	_____
banco *m.* 2	Bank	_____
bandera *w.* 4	Fahne	_____
baño *m.* 4, 7	Bad, Toilette	_____
bar *m.* 6	Bar, Kneipe	_____
barra *w.* 8, 11	Schrägstrich (/), Stange (*Brot*)	_____
barriga *w.* 12	Bauch	_____
barrio *m.* 10	Stadtviertel	_____
bastante 10	ausreichend, ziemlich	_____
batería *w.* 8	Batterie, Akku	_____
beber 7	trinken	_____
bellísimo/-a *m./w.* 7	sehr schön, wunderschön	_____
bello/-a *m./w.* 10	schön	_____
beso *m.* 1	Kuss	_____
bici(cleta) *w.* 10	Fahrrad	_____
bien 1	gut (*Adverb*)	_____
bienvenido/-a *m./w.* 1	willkommen	_____
billete *m.* 3	Fahrkarte, Ticket	_____
billete sencillo *m.* 10	einfache Fahrkarte	_____
blanco/-a *m./w.* 6	weiß	_____
blando/-a *m./w.* 12	weich	_____
bloquear 9	blockieren	_____
bocadillo *m.* 6	belegtes Brötchen	_____
bolsa *w.* 10	Beutel, Tüte, Börse	_____
bolso *m.* 11	Tasche	_____
bonito/-a *m./w.* 2	hübsch	_____
bono *m.* 3, 10	Zehnerkarte, Gutschein, Abonnement	_____
boquerones *m./Mz.* 7	Sardinen	_____
bote *m.* 11	Glas (*z. B. für Marmelade*)	_____
botella *w.* 7	Flasche	_____
brazo *m.* 12	Arm	_____

breve *m./w.* 4	kurz	
buen día 1	einen schönen Tag	
buen viaje 1	gute Reise	
buen, bueno/-a *m./w.* 1	gut	
buenas 1	grüß dich/euch	
buenas noches 1	guten Abend, gute Nacht	
buenas tardes 1	guten Tag, guten Abend	
buenísimo/-a *m./w.* 7	sehr gut	
buenos días 1	guten Morgen, guten Tag	
buscar 3	suchen	

C

cabeza *w.* 12	Kopf	
cabina *w.* 8	Kabine	
caer 12	fallen	
café (solo) *m.* 6	Espresso	
café americano *m.* 6	Filterkaffee	
café con leche *m.* 6	Milchkaffee	
café crema *m.* 6	Espresso mit Sahne	
café descafeinado *m.* 6	entkoffeinierter Kaffee	
caído 12	gefallen	
caja *w.* 9	Kiste, Schachtel, Karton	
cajero (automático) *m.* 9	Geldautomat	
caldereta *w.* 7	Art Ragout	
calefacción *w.* 5	Heizung	
caliente *m./w.* 5	heiß, warm	
calle *w.* 5	Straße	
calor *m.* 10	Hitze	
calzar 11	anziehen (*Schuhe*)	
cama *w.* 4	Bett	
cama supletoria *w.* 4	Zusatzbett	
camarero *m.* 7	Kellner, Ober	
cambiar 3	ändern, (aus)wechseln, tauschen, umsteigen	
cambiar de tren 3	umsteigen (*Zug*)	
cambio *m.* 10	Tausch, Wechsel	
cambio de marchas *m.* 10	Gangschaltung	
caminar 6	gehen, wandern	
camino *m.* 3	Weg	

camino de Santiago *m.* 3	Jakobsweg	
camisa *w.* 11	Hemd	
camiseta *w.* 11	T-Shirt	
camping *m.* 4	Camping(platz)	
cancelar 9	abbrechen	
cansado/-a *m./w.* 1	müde	
caña *w.* 6	Glas Bier vom Fass	
capuchino *m.* 6	Cappuccino	
caracola *w.* 6	Teigschnecke	
carajillo *m.* 6	Espresso mit einem Schuss Alkohol	
caramelo *m.* 9	Bonbon	
cargador *m.* 8	Ladegerät	
carísimo/-a *m./w.* 7	sehr teuer	
carne *w.* 7	Fleisch	
carné de conducir *m.* 5	Führerschein	
carné de identidad *m.* 5	Personalausweis	
carnicería *w.* 11	Metzgerei	
carnicero/-a *m./w.* 11	Metzger/in	
caro/-a *m./w.* 4	teuer	
carretera *w.* 11	Landstraße	
carril bici *m.* 10	Radweg	
carta *w.* 7, 9	Speisekarte, Brief	
casa *w.* 4	Haus	
casado/-a *m./w.* 2	verheiratet	
casi 12	fast	
catalán/catalana *m./w.* 7	katalanisch, Katalane/Katalanin	
catedral *w.* 6	Kathedrale	
catorce 4	vierzehn	
céntimo *m.* 8	Cent	
central *m./w.* 10	zentral	
centro *m.* 4	Zentrum, Innenstadt	
centro comercial *m.* 4	Einkaufszentrum	
cerca (de) 3	in der Nähe (von)	
cerrado/-a *m./w.* 3	geschlossen	
cerrar 5	schließen	
certificado/-a *m./w.* 9	eingeschrieben	
cerveza *w.* 6	Bier	
chalé *m.* 4	Landhaus	

champiñón *m.* 7	Champignon	
chaqueta *w.* 11	Jacke, Sakko	
charcutería *w.* 11	Wurstgeschäft	
charcutero/a *m./w.* 11	Wurstmetzger/in	
chato *m.* 6	flaches Glas	
chicle *m.* 9	Kaugummi	
chorizo *m.* 6	scharfe Paprikawurst	
chuletón *m.* 7	T-Bone-Steak	
cibercafé *m.* 8	Internetcafé	
cien 4	(ein)hundert	
ciento cincuenta 8	hundertfünfzig	
cigarrillo *m.* 9	Zigarette	
cinco 8	fünf	
cincuenta 4	fünfzig	
cine *m.* 6	Kino	
cisterna *w.* 5	Wasserspülung	
cita *w.* 12	Verabredung, Termin	
ciudad *w.* 2	Stadt	
claro/-a *m./w.* 2	klar, natürlich	
clásico/-a *m./w.* 6	klassisch	
cliente/-a *m./w.* 8	Kunde/Kundin	
cobertor *m.* 5	Decke	
cobrar 7	kassieren	
coche *m.* 5	Auto	
cocina *w.* 7	Küche	
cóctel *m.* 7	Cocktail	
código *m.* 8	Code, *hier:* Geheimzahl	
código IBAN *m.* 9	IBAN-Code	
código PIN *m.* 8	PIN-Code	
código secreto *m.* 9	Geheimcode, -zahl	
coger 3	nehmen	
colega *m./w.* 1	Kollege/Kollegin	
color *m.* 11	Farbe	
comer 12	essen	
comerciante *m./w.* 2	Händler/in	
¿Cómo? 1	Wie?	
¿Cómo está usted? 1	Wie geht es Ihnen?	
¿Cómo está? 1	Wie geht's?	
¿Cómo estás? 1	Wie geht's dir?	

¿Cómo le queda? 11	Wie steht er/sie/es Ihnen?	
¿Cómo se llama usted? 2	Wie heißen Sie?	
¿Cómo te llamas? 2	Wie heißt du?	
compañera w. 1	Lebensgefährtin, Lebenspartnerin	
compañero m. 1	Lebensgefährte, Lebenspartner	
compañía w. 8	Firma	
compañía de seguros w. 2	Versicherung(-sgesellschaft)	
completar 11	vervollständigen	
completo/-a m./w. 5	ausgebucht, belegt	
compra w. 11	Einkauf, Kauf	
comprar 3	kaufen	
comprobante m. 5	Voucher	
comunicación w. 9	Kommunikation	
con 4	mit	
concierto m. 6	Konzert	
conductor/a m./w. 2	Fahrer/in	
conexión w. 8	Verbindung	
confirmación w. 4	Bestätigung	
confirmar 9	bestätigen	
conjunto m. 11	Ensemble (*Mode*)	
conocerse 2	sich kennenlernen	
contacto m. 1	Kontakt	
contar 12	erzählen	
contra 12	gegen	
contraseña w. 8	Passwort	
contrato m. 8	Vertrag	
controlar 8	kontrollieren, überprüfen	
copa w. 6	Weinglas	
corbata w. 11	Krawatte	
cordero m. 7	Lamm(-fleisch)	
cordialmente 9	herzlich (*Adverb*)	
correctamente 8	korrekt (*Adverb*)	
corregir 9	korrigieren	
correo m. 4	Post	
correo electrónico m. 4	E-Mail	
Correos m./Mz. 9	Post	
cortado (café -) m. 6	Espresso mit Milch	
cortar 12	schneiden	
corto/-a m./w. 11	kurz	

cosa *w.* 11	Sache	
cosita *w.* 11	kleine Sache	
costar 4	kosten	
creer 10	glauben	
crema *w.* 6	Creme, Sahne	
crema catalana *w.* 7	Dessertcreme aus Eigelb, die mit einer festen Karamellschicht überzogen ist	
cruasán *m.* 6	Hörnchen, Croissant	
cruz *w.* 10	Kreuz	
cruzar 3	kreuzen, überqueren	
¿Cuál? 2	Welche/r?	
¿Cuándo? 3	Wann?	
¿Cuántos/-as? *m./w./Mz.* 2	Wie viele?	
cuarenta 4	vierzig	
cuarto *m.* 3, 4	Viertelstunde, Zimmer	
cuchara *w.* 7	Löffel	
cuchillo *m.* 7	Messer	
cuenta *w.* 5, 9	Rechnung, Konto	
¡Cuénteme! 12	Erzählen Sie mir!	

D

dar 1	geben	
dar la mano 1	sich die Hände schütteln	
dar la vuelta 6	umkehren	
de 1	von, aus	
de acuerdo 5	einverstanden	
de nada 2	bitte sehr, keine Ursache	
¿De qué color? 11	In welcher Farbe?	
deber 3	müssen, sollen	
débil *m./w.* 8	schwach	
débito *m.* 9	Schuld, Soll	
decir 5	sagen	
del (de + el) 3	vom	
delante (de) 6	vor (*räumlich*)	
deletrear 4	buchstabieren	
demasiado 7	zu (sehr)	
dentista *m./w.* 12	Zahnarzt/Zahnärztin	
dentro 9	drinnen	

depender 6	abhängen	
dependiente/-a *m./w.* 2	Verkäufer/in	
derecha (a la -) 6	rechts (nach rechts)	
desagüe *m.* 5	Abfluss	
desayuno *m.* 5	Frühstück	
descansar 12	sich ausruhen	
desde 9	aus, von, seit	
desear 5	wünschen	
despacio 4	langsam *(Adverb)*	
después (- de) 8	danach (nach *zeitlich*)	
devolver 9	zurückgeben, zurückbringen	
día *m.* 1	Tag	
diabético/-a *m./w.* 12	Diabetiker/in	
diarrea *w.* 12	Durchfall	
diccionario *m.* 11	Wörterbuch	
diciembre *m.* 4	Dezember	
diecinueve 4	neunzehn	
dieciocho 4	achtzehn	
dieciséis 4	sechzehn	
diecisiete 4	siebzehn	
diente *m.* 7	Zahn	
diéresis *w.* 4	Umlaut-Punkte	
dieta *w.* 12	Diät	
diez 3	zehn	
¿Diga? / ¿Dígame? 4	Hallo? *(am Telefon)*	
Dígame ... 9	Bitte? / Was kann ich für Sie tun?	
dinero *m.* 9	Geld	
Dios *m.* 5	Gott	
¡Dios mío! 5	Mein Gott!	
dirección *w.* 4, 10	Adresse, Richtung	
dirección de correo electrónico *w.* 9	E-Mail-Adresse	
discoteca *w.* 6	Diskothek	
¡Disculpe! 2	Entschuldigung!	
discutir 6	diskutieren, streiten	
distensión *w.* 12	Zerrung	
divorciado/-a *m./w.* 2	geschieden	
DNI *m.* 5	Personalausweis	
doce 3	zwölf	

docena *w.* 11	Dutzend	
doctor (Dr.) *m.* 1	Doktor (Dr.)	
doctora (Dra.) *w.* 1	Doktor (Dr.)	
documento *m.* 5	Dokument	
dolor *m.* 12	Schmerz	
domicilio *m.* 5	Wohnort	
domingo *m.* 5	Sonntag	
¿Dónde? 2	Wo?	
dorada *w.* 7	Goldbrasse	
dormir 12	schlafen	
dos 3	zwei	
doscientos/-as *m./w./Mz.* 8	zweihundert	
ducha *w.* 5	Dusche	
duele/n 12	(er/sie/es) tut/tun weh	

E

edad *w.* 2	Alter	
el 1	der (*Artikel*)	
él 1	er (*Subjektpronomen*)	
electrónico/-a *m./w.* 4	elektronisch	
ella 1	sie (*Subjektpronomen*)	
empanada gallega *w.* 7	Pastete (*meist mit Thunfisch gefüllt*)	
emperador *m.* 4	Kaiser, Imperator	
empezar 1	anfangen, beginnen	
empresario/-a *m./w.* 2	Unternehmer/in	
en 2	in	
en total 9	(alles) zusammen	
encantado/-a *m./w.* 1	sehr erfreut, angenehm	
enchufe *m.* 5	Steckdose	
encima 4	darauf, oben	
enero *m.* 4	Januar	
enfermero/-a *m./w.* 12	Krankenpfleger/-schwester	
enfermo/-a *m./w.* 1	krank	
enfrente 3	gegenüber	
ensalada *w.* 6	Salat	
ensaladilla *w.* 7	Salat aus Kartoffeln, Gemüse, Mayonnaise und Thunfisch	
enseguida 7	sofort	

entender 4	verstehen	_____
entonces 4	damals, dann, also	_____
entrada *w.* 5	Eingang, Anreise	_____
entrante *m.* 7	Vorspeise	_____
enviar 4	schicken	_____
equipo *m.* 10	Mannschaft, Team	_____
escaparate *m.* 11	Schaufenster	_____
escribir 4	schreiben	_____
escúter *m.* 10	Motorroller	_____
ese/esa/esos/esas 11	diese/r (da)	_____
esguince *m.* 12	Verstauchung	_____
eso 7	dieses (da)	_____
espalda *w.* 12	Rücken	_____
España *w.* 1	Spanien	_____
español/a *m./w.* 1	spanisch, Spanier/in	_____
espárrago *m.* 7	Spargel	_____
especial *m./w.* 9	spezielle/r, besondere/r	_____
especialidad *w.* 7	Spezialität	_____
espectacular *m./w.* 9	spektakulär, wunderbar	_____
esperar 10, 12	warten, hoffen	_____
esposa *w.* 1	Ehefrau	_____
establecimiento *m.* 8	*hier:* Aufbau (*z. B. eines Telefongesprächs*)	_____
estación *w.* 3	Bahnhof, Haltestelle, Station	_____
estación central *w.* 3	Hauptbahnhof	_____
estación del metro *w.* 3	U-Bahn-Station	_____
estación final *w.* 10	Endhaltestelle	_____
estampado/-a *m./w.* 11	gemustert, bedruckt	_____
estanco *m.* 3	Kiosk (*v. a. für Tabak- und Rauchwaren*)	_____
estanquero *m.* 11	Tabakhändler	_____
estar 1	sein, sich befinden	_____
estar en reposo 12	sich ausruhen	_____
este/esta/estos/estas 1, 3	diese/r (hier)	_____
estimado/-a *m./w.* 4, 9	sehr geehrte/r, liebe/r	_____
esto 7	dieses (hier)	_____
estrecho/-a *m./w.* 11	eng	_____
estrella *w.* 4	Stern	_____
estudiante *m./w.* 2	Student/in	_____

euro *m.* 4	Euro	_____
europeo/-a *m./w.* 8	europäisch, Europäer/in	_____
exactamente 3	exakt, genau (*Adverb*)	_____
excursión *w.* (ir de ~) 12	Ausflug (einen Ausflug machen)	_____
explicar 6	erklären	_____
extranjero *m.* 8	Ausland	_____

F

falda *w.* 11	Rock	_____
faltar 3	fehlen	_____
fantástico/-a *m./w.* 6	fantastisch	_____
farmaceútico/-a *m./w.* 12	Apotheker/in	_____
farmacia *w.* (~ de guardia) 12	Apotheke (diensthabende Apotheke)	_____
favorito/-a *m./w.* 10	Lieblings-	_____
febrero *m.* 4	Februar	_____
fecha *w.* 5	Datum	_____
feria *w.* 6	Messe, Jahrmarkt	_____
ferrocarril *m.* 3	Eisenbahn	_____
festival *m.* 6	Festival	_____
fiebre *w.* 12	Fieber	_____
fiesta *w.* 6	Fest	_____
figura *w.* 11	Figur	_____
fijo/-a *m./w.* 8	fest, fix	_____
fin *m.* 10	Ende	_____
fin de semana *m.* 10	Wochenende	_____
final *m./w.* 10	End-, Schluss-	_____
firmar 5	unterschreiben	_____
¡Firme! 5	Unterschreiben Sie!	_____
flamenco *m.* 6	Flamenco	_____
flan *m.* 7	Karamellpudding	_____
forma *w.* (de todas formas) 12	Form (auf jeden Fall)	_____
francés/francesa *m./w.* 2	französisch, Franzose/Französin	_____
Francia *w.* 2	Frankreich	_____
freno *m.* 10	Bremse	_____
frío/-a *m./w.* 5	kalt, kühl	_____
fruta *w.* 7	Frucht	_____
frutas *w./Mz.* 7	Obst	_____
frutería *w.* 11	Obstgeschäft	_____

frutero/-a *m./w.* 11	Obsthändler/in	
fular *m.* 11	Halstuch	
funcionar 5	funktionieren	
funcionario/-a *m./w.* 2	Beamter/Beamtin	
fútbol *m.* 10	Fußball	

G

gallego/-a *m./w.* 7	galicisch, Galicier/in	
garganta *w.* 12	Hals *(innen)*	
garrapata *w.* 12	Zecke	
gas *m.* 7	Gas, *hier:* Kohlensäure	
gazpacho *m.* 7	Gazpacho *(kalte Gemüsesuppe)*	
girar 6	abbiegen	
gracias 1	danke	
gramo *m.* 11	Gramm	
grande *m./w.* 5	groß	
gratuito/-a *m./w.* 8	kostenlos, gratis	
grave *m./w.* 12	ernst, ernsthaft	
Grecia *w.* 2	Griechenland	
gris *m./w.* 11	grau	
guantes *m./Mz.* 11	Handschuhe	
guía turística *w.* 11	Reiseführer	
guión *m.* 8	Bindestrich (-)	
guión bajo *m.* 8	Unterstrich (_)	
gustar 5	gefallen, schmecken	
gusto *m.* 1	Gefallen, Geschmack, Vergnügen	

H

haber 5	haben *(nur Hilfsverb)*	
habitación *w.* 4	Zimmer	
habitación de matrimonio *w.* 4	Zimmer mit Doppelbett	
habitación doble *w.* 4	Doppelzimmer	
habitación individual *w.* 4	Einzelzimmer	
hablar 4	sprechen	
hace (- muchos años) 10	*hier:* vor (vor vielen Jahren)	
hace buen tiempo 10	das Wetter ist schön	
hace calor 10	es ist heiß	
hace frío 10	es ist kalt	

hace mal tiempo 10	das Wetter ist schlecht	
hace niebla 10	es ist neblig	
hace sol 10	es ist sonnig, es scheint die Sonne	
hacer 2	machen, tun	
hacer transbordo 10	umsteigen	
hacer turismo 2	als Tourist reisen	
¡Haga! 10	Machen Sie!	
hasta 1	bis	
hasta la próxima 1	bis zum nächsten Mal	
hasta luego 1	bis dann	
hasta pronto 1	bis bald	
hay 3	es gibt	
hay que 3	man muss	
hay viento 10	es ist windig	
hecho/-a m./w. 8	gemacht	
helado m. 6	Eis	
hermana w. 1	Schwester	
hermano m. 1	Bruder	
higiénico/-a m./w. 5	hygienisch, hier: Toiletten-	
hija w. 2	Tochter	
hijo m. 2	Sohn	
hijos m./Mz. 2	Söhne, Kinder	
hinchado/-a m./w. 12	geschwollen	
hola 1	hallo	
Holanda w. 2	Holland	
hombre m. 11	Mann	
hora w. 3	Stunde	
horrible m./w. 12	furchtbar, schrecklich	
hospital m. 12	Krankenhaus	
hostal m. 4	Hotel (meist einfach, oft familiengeführt)	
hotel m. 4	Hotel	
hotel rural m. 4	Landhotel	
hotspot m. 8	Hotspot (WLAN)	
hoy 1	heute	
huelga w. 10	Streik	
hueso m. 12	Knochen	
huevo m. 7	Ei	

I

idea *w.* 12	Idee	
ideal *m./w.* 11	ideal	
identidad *w.* 5	Identität	
iglesia *w.* 6	Kirche	
importante *m./w.* 8	wichtig	
incluido/-a *m./w.* 5	inbegriffen	
inestable *m./w.* 10	unbeständig, instabil	
ingeniero/-a *m./w.* 2	Ingenieur/in	
Inglaterra *w.* 2	England	
inglés/inglesa *m./w.* 2	englisch, Engländer/in	
ingresar 12	einweisen	
inmediatamente 9	sofort	
insertar 9	einführen, hineinstecken	
¡Inserte! 9	Führen Sie ein!	
insolación *w.* 12	Sonnenstich	
intentar 8	versuchen	
interesante *m./w.* 2	interessant	
internacional *m./w.* 8	international	
Internet *m.* 8	Internet	
Internet café *m.* 8	Internetcafé	
introducir 8	einführen, eingeben	
¡Introduzca! 9	Geben Sie ein!	
invitar 6	einladen	
ir 3	gehen, fahren	
ir a 10	gehen/fahren zu (+ *Verb* = *Zukunft*)	
ir a pie 3	zu Fuß gehen	
ir de compras 11	einkaufen	
Italia *w.* 2	Italien	
italiano/-a *m./w.* 2	italienisch, Italiener/in	
izquierda (a la -) 6	links (nach links)	

J

jamón *m.* 6	Schinken	
jazz *m.* 6	Jazz	
jersey *m.* 11	Pullover	
jueves *m.* 5	Donnerstag	
julio *m.* 4	Juli	

junio *m.* 4	Juni	_____
justo/-a *m./w.* 3	genau, richtig	_____

K

kilo *m.* 11	Kilo	_____

L

la *w./Ez.* 1	die (*Artikel*), sie	_____
	(*Akkusativpronomen*)	_____
lado *m.* 6	Seite	_____
lamentablemente 4	leider	_____
lámpara *w.* 5	Lampe	_____
largo/-a *m./w.* 11	lang	_____
las *w./Mz.* 3	die (*Artikel*), sie	_____
	(*Akkusativpronomen*)	_____
lata *w.* 11	Dose	_____
le *m./w./Ez.* 1	Ihnen, ihm, ihr	_____
	(*Dativpronomen*)	_____
leche *w.* 6	Milch	_____
leche manchada *w.* 6	Espresso mit viel Milch	_____
lechuga *w.* 11	Kopfsalat	_____
lejos 3	weit	_____
lento/-a *m./w.* 8	langsam	_____
les *m./w./Mz.* 4	Ihnen, ihnen (*Dativpronomen*)	_____
letra *w.* 5	Buchstabe	_____
(letra) minúscula *w.* 8	Kleinbuchstabe	_____
(letra) mayúscula *w.* 5	Großbuchstabe	_____
libertad *w.* 10	Freiheit	_____
libre *m./w.* 2	frei	_____
libro *m.* 9	Buch	_____
libro de cocina *m.* 11	Kochbuch	_____
licenciado/-a (Lic.)	Magister, Master	_____
m./w. 1		_____
lila *m./w.* 11	lila	_____
línea *w.* 10	Linie	_____
listo/-a *m./w.* 10	fertig	_____
litro *m.* 11	Liter	_____
llamada *w.* 8	Anruf, Telefongespräch	_____
llamar 1	nennen, (an)rufen	_____

llamarse 1	heißen	
llave w. 5	Schlüssel	
llegar 3	ankommen	
llevar 3	bringen, tragen	
llevarse 11	mitnehmen	
llover 10	regnen	
lo m./Ez. 1	das (Artikel bei substantivierten Adjektiven), ihn, es (Akkusativpronomen)	
lo mejor 3	das Beste	
lo siento 1	es tut mir leid	
local m. 6	Lokal	
locutorio m. 8	Geschäft, in dem man günstig telefonieren kann, meist kombiniert mit einem Internet-Bereich	
lomo m. 6	Lende	
loncha w. 11	Scheibe	
los m./Mz. 3	die (Artikel), sie (Akkusativpronomen)	
luego 1	dann, gleich, nachher	
lunes m. 5	Montag	
luz w. 5	Licht	

M

madre w. 2	Mutter	
mal 1	schlecht (Adverb)	
malo/-a m./w. 10	schlecht	
mandar 5	schicken	
mano w. 1	Hand	
manta w. 5	Decke	
manzana w. 7	Apfel	
mañana w. 4	morgen, Morgen	
mapa m. 9	Plan, Landkarte	
mar (m. oder w.) 5	Meer	
marcar 8	wählen	
marcha w. 10	Gang (Auto, Fahrrad)	
mareado/-a m./w. 12	schwindelig	
mareo m. 12	Schwindel, Übelkeit	

marido *m.* 1	Ehemann	_____
mariscos *m./Mz.* 7	Meeresfrüchte	_____
marítimo/-a *m./w.* 10	Meeres-	_____
marrón *m./w.* 11	braun	_____
martes *m.* 5	Dienstag	_____
marzo *m.* 4	März	_____
más 1	mehr	_____
más o menos 1	mehr oder weniger, so lala, einigermaßen	_____
mayo *m.* 4	Mai	_____
mayonesa *w.* 7	Mayonnaise	_____
me 2	mich, mir	_____
mechero *m.* 9	Feuerzeug	_____
medianoche *w.* 3	Mitternacht	_____
medias *w./Mz.* 11	Socken	_____
medicamento *m.* 12	Medikament	_____
medicina *w.* 12	Medizin	_____
médico/-a *m./w.* 2	Arzt/Ärztin	_____
medio/-a *m./w.* 3	halb (*z. B. bei der Uhrzeit*)	_____
mediodía *m.* 3	Mittag	_____
medusa *w.* 12	Qualle	_____
mejor *m./w.* 3	besser	_____
mejorar 10	besser werden	_____
melocotón *m.* 11	Pfirsich	_____
melón *m.* 7	Honigmelone	_____
menestra de verduras *w.* 7	Gemüseeintopf	_____
menos 1	weniger	_____
mensaje *m.* 8	Nachricht, SMS	_____
mensual *m./w.* 10	Monats-, monatlich	_____
menta *w.* 9	Minze	_____
mercado *m.* 10	Markt	_____
merluza *w.* 7	Seehecht	_____
mermelada *w.* 11	Marmelade	_____
mesa *w.* 5	Tisch	_____
metro *m.* 3	U-Bahn	_____
mi 1	mein/e	_____
mí 6	mir, mich (*betontes Personalpronomen*)	_____
micrófono *m.* 8	Mikrofon	_____

miércoles *m.* 5	Mittwoch	_____
minuto *m.* 3	Minute	_____
mío/-a *m./w.* 5	mein/e	_____
¡Mira! 1	Schau (mal)!	_____
mirar 1	(an)schauen	_____
mismo 5	selbst, genau	_____
momento *m.* 7	Moment, Augenblick	_____
monasterio *m.* 10	Kloster	_____
montadito *m.* 7	belegte Brotschnitte	_____
morder 12	beißen	_____
mosquito *m.* 12	Stechmücke	_____
motivo *m.* 9	Grund, Anlass	_____
moto *m.* 10	Motorrad	_____
móvil *m.* 8	Handy	_____
muchas gracias 2	vielen Dank	_____
muchísimo/-a *m./w.* 12	sehr viel	_____
mucho/-a *m./w.* 1	viel/e, sehr	_____
mucho gusto 1	sehr erfreut, angenehm	_____
muela *w.* 12	(Backen-)Zahn	_____
mujer *w.* 1	Frau, Ehefrau	_____
municipal *m./w.* 10	städtisch, Stadt-	_____
museo *m.* 6	Museum	_____
música *w.* 6	Musik	_____
muy 1	sehr	_____

N

nación *w.* 10	Nation	_____
nacional *m./w.* 3	national, National-	_____
nada 2	nichts	_____
naranja *w.* 7	Orange	_____
natillas *w./Mz.* 7	Cremedessert aus Milch, Eigelb und Zucker	_____
náuseas *w./Mz.* 12	Übelkeit	_____
necesario/-a *m./w.* 12	notwendig, nötig	_____
necesitar 8	brauchen, benötigen	_____
negro/-a *m./w.* 8	schwarz	_____
nevar 10	schneien	_____
niebla *w.* 10	Nebel	_____
no 1	nein, nicht	_____

Spanish	German	
¡No se preocupe! 5	Machen Sie sich keine Sorgen!	_____
noche *w.* 1	Nacht	_____
nombre *m.* 2	Name	_____
norma *w.* 9	Norm, Regel	_____
normal *m./w.* 9	normal	_____
normalmente 8	normalerweise	_____
nos 1	uns	_____
nos vemos 1	man sieht sich, wir sehen uns	_____
nosotros/-as (para -) 3, 7	wir (für uns)	_____
novela *w.* 11	Roman	_____
novela negra *w.* 11	Krimi	_____
noventa 4	neunzig	_____
novia *w.* 1	(feste) Freundin	_____
noviembre *m.* 4	November	_____
novio *m.* 1	(fester) Freund	_____
nublado/-a *m./w.* 10	bewölkt	_____
nuestro/-a *m./w.* 1	unser/e	_____
nueve 8	neun	_____
número *m.* 4, 11	Nummer, Schuhgröße	_____

o

Spanish	German	
o 1	oder	_____
obra *w.* 6	Werk	_____
ochenta 4	achtzig	_____
ocho 3	acht	_____
octubre *m.* 4	Oktober	_____
ocupado/-a *m./w.* 1, 5	beschäftigt, belegt	_____
oficina *w.* 2	Büro	_____
oficina de Correos *w.* 9	Postamt	_____
oficina de turismo *w.* 3	Touristeninformation	_____
ojo *m.* 12	Auge	_____
once 3	elf	_____
ópera *w.* 6	Oper	_____
operar 12	operieren	_____
operario/-a *m./w.* 2	Arbeiter/in	_____
ordenador *m.* 8	Computer	_____
otra vez 8	noch einmal	_____
otro/-a *m./w.* 3	(ein/e) andere/r	_____

P

Spanish	German	
padre *m.* 2	Vater	
padres *m./Mz.* 2	Väter, Eltern	
paella *w.* 7	Paella (*Reisgericht*)	
pagar 5	(be)zahlen	
país *m.* 10	Land	
palacio *m.* 9	Palast	
palillo (de dientes) *m.* 7	Zahnstocher	
pan *m.* 7	Brot	
panadería *w.* 11	Bäckerei	
panadero/-a *m./w.* 11	Bäcker/in	
pantalla *w.* 8	Bildschirm	
pantalón *m.* 11	Hose	
papel *m.* 5	Papier	
papel higiénico *m.* 5	Toilettenpapier	
paquete *m.* 9, 11	Paket, Päckchen (*z. B. Nudeln*)	
paquete pequeño *m.* 9	Päckchen	
para 1	für, um (zu)	
¡Para nada! 11	Nicht doch!	
parada *w.* 3	Haltestelle	
parada de autobús *w.* 3	Bushaltestelle	
parada de taxis *w.* 3	Taxistand	
parador *m.* 4	Luxushotel (*in einem ehemaligen Schloss oder einer Burg*)	
parar 3	(an)halten	
parcela *w.* 5	Grundstück	
parecer 7	scheinen	
parlamento *m.* 10	Parlament	
parque *m.* 10	Park	
pasaporte *m.* 5	Reisepass	
pasar 11	vorbeigehen, geschehen, los sein	
pasta *w.* 11	Nudeln, Pasta	
patata *w.* 7	Kartoffel	
paz *w.* 10	Frieden	
pecho *m.* 12	Brust	
pedir 7	bestellen, bitten	
película *w.* 6	Film	
pelo *m.* 5	Haar	

pensión w. 4	Pension	
pensionista m./w. 2	Rentner/in	
pepino m. 11	Gurke	
pequeño/-a m./w. 9	klein	
pera w. 7	Birne	
perder 8, 10	verlieren, verpassen	
¡Perdone! 2	Verzeihen Sie!	
perfecto/-a m./w. 8	perfekt	
periódico m. 9	Zeitung	
pero 2	aber	
perrito m. 11	Hündchen	
perro m. 11	Hund	
persona w. 4	Person	
pescadería w. 11	Fischgeschäft	
pescadero/-a m./w. 11	Fischhändler/in	
peso m. 8	Peso (*Währung in vielen latein- amerikanischen Ländern*)	
picante m./w. 7	scharf	
picar 3, 12	entwerten, stechen	
pie m. 3	Fuß	
pierna w. 12	Bein	
pimienta w. 7	Pfeffer	
pimiento m. 11	Paprika	
pimientos del piquillo m./Mz. 7	geröstete Paprikaschoten (*oft gefüllt*)	
pinchado/-a m./w. (está -) 10	gestochen (hat einen Platten)	
pinchito m. 7	Spießchen	
piña w. 7	Ananas	
piso m. 5	Stockwerk	
pizzería w. 4	Pizzeria	
placer m. 1	Vergnügen	
planta baja w. 5	Erdgeschoss	
plato m. 7	Gericht, Teller	
playa w. 4	Strand	
plaza w. 3	Platz	
plaza de toros w. 10	Stierkampfarena	
pobre m./w. 1	arm	
¡Pobre! 1	Armer (Teufel)!	
poco 3	wenig, bisschen	

poder 3	können, dürfen	_____
polaco/-a *m./w.* 2	polnisch, Pole/Polin	_____
pollo *m.* 7	Hühnerfleisch	_____
Polonia *w.* 2	Polen	_____
poner 11	setzen, stellen, legen, einstellen	_____
ponerse al sol 12	sich sonnen, sich in die	_____
	Sonne legen	_____
por 4	durch, für, wegen	_____
por avión 9	mit Luftpost	_____
¿Por cuánto tiempo? 10	Für wie lange?	_____
por favor 3	bitte	_____
por supuesto 5	selbstverständlich	_____
Portugal *m.* 2	Portugal	_____
postal *w.* 9	Postkarte	_____
postre *m.* 7	Nachtisch	_____
prado *m.* 4	Wiese	_____
precio *m.* 5	Preis	_____
preferir 6	vorziehen, lieber mögen	_____
prefijo *m.* 8	Vorwahl	_____
pregunta *w.* 8	Frage	_____
preguntar 3	fragen	_____
prensa *w.* 11	Presse	_____
preocuparse 5	sich Sorgen machen	_____
prepago *m.* 8	Prepaid (*z. B. beim Handy*)	_____
preparar 5	vorbereiten	_____
prescribir 12	verschreiben	_____
presentar a 1	(jemanden) vorstellen	_____
prima *w.* 1	Cousine	_____
primer, primero/-a *m./w.* 1	erste/r	_____
primero *m.* 7	erster Gang	_____
primeros auxilios *m./Mz.* 12	Erste-Hilfe-Station	_____
primo *m.* 1	Cousin	_____
probablemente 12	wahrscheinlich (*Adverb*)	_____
probador *m.* 11	Umkleidekabine	_____
probar 11	(an)probieren	_____
problema *m.* 4	Problem	_____
profesión *w.* 2	Beruf	_____
profesor/a *m./w.* 2	Lehrer/in, Professor/in	_____
profiterol *m.* 7	Windbeutel	_____

prometida *w.* 1	Verlobte	_____
prometido *m.* 1	Verlobter	_____
pronto 1	bald, schnell	_____
próximo/-a *m./w.* 3	nächste/r	_____
pub *m.* 6	Bar, Kneipe	_____
puente *m.* 6	Brücke	_____
puerta *w.* 5	Tür	_____
puerto *m.* 10	Hafen	_____
pues 6	also, da, denn	_____
puesto *m.* 12	gesetzt, gestellt, gelegt	_____
pulpitos *m./Mz.* 7	kleine Tintenfische	_____
pulsar 9	drücken	_____
¡Pulse! 9	Drücken Sie!	_____
puntito *m.* 4	Pünktchen	_____
punto *m.* 8	Punkt (.)	_____
puro *m.* 9	Zigarre	_____

Q

que 3, 10	welcher (*Relativpronomen*), dass (*Konjunktion*)	_____
¡Que aproveche! 7	Guten Appetit!	_____
¡Qué calor hace hoy! 10	Wie heiß es heute ist!	_____
¡Qué frío hace hoy! 10	Wie kalt es heute ist!	_____
¿Qué hora es? 3	Wie viel Uhr ist es?	_____
¿Qué le pasa? 12	Was ist mit Ihnen los?	_____
¿Qué tal? 1	Wie geht's?, Wie geht's (dir) denn so?	_____
¿Qué? 1	Was?, Was für ein/e?, Welche/r?	_____
quedar 9, 11	übrig bleiben, stehen (*Kleidung, Schuhe*)	_____
quedarse 5	bleiben	_____
quemar 12	(ver)brennen	_____
querer 4	wollen, möchten	_____
queso *m.* 6	Käse	_____
¿Quién? 1	Wer?	_____
quince 4	fünfzehn	_____
quinientos/-as *m./w./Mz.* 8	fünfhundert	_____
quiosco *m. (auch* quiosquero *m.)* 3, 11	(Zeitungs-)Kiosk	_____

R

radiografía w. 12	Röntgen(-aufnahme)	
raro/-a m./w. 12	seltsam, hier: ungewöhnlich	
ratón m. 8	Maus	
razón w. (tiene ~) 11	Vernunft (Sie haben recht)	
recarga w. 8	Aufladen, Nachfüllung	
recargar 8	aufladen	
recepción w. 5	Rezeption	
receta w. 12	Rezept	
recibir 8	erhalten, bekommen	
recibo m. 9	Quittung	
recomendar 7	empfehlen	
reconocer 9	(an)erkennen	
recto (todo ~) 6	geradeaus	
recuperar 9	wieder haben, wieder erlangen	
red w. 3	Netz (auch Internet)	
refresco m. 6	Erfrischungsgetränk	
regresar 6	zurückgehen, zurückkehren	
regular 1	regulär, es geht so	
relleno/-a m./w. 7	gefüllt	
remolque m. 5	Wohnwagen	
reparar 10	reparieren	
repetir 4	wiederholen	
reposo m. 12	Ruhe	
reproductor de MP3 m. 8	MP3-Player	
reserva w. 5	Reservierung	
reservar 4	reservieren	
resfriado m. 12	Erkältung	
respuesta w. 4	Antwort	
restaurante m. 4	Restaurant	
retirar 9	entnehmen	
¡Retire! 9	Entnehmen Sie!	
retraso m. 3	Verspätung	
revisor m. 3	Schaffner	
revista w. 9	Zeitschrift	
revuelto de setas m. 7	Pilzeintopf	
rey m. 10	König	
rock m. 6	Rock(-musik)	
rodilla w. 12	Knie	

rojo/-a *m./w.* 11	rot	_____
romántico/-a *m./w.* 6	romantisch	_____
romper 12	brechen	_____
rosa *m./w.* 11	rosa	_____
roto/-a *m./w.* 10, 12	kaputt, gebrochen, zerbrochen	_____

S

sábado *m.* 5	Samstag	_____
saber 3	wissen, können	_____
sacar 9	herausnehmen, *hier:* abheben	_____
sal *w.* 7	Salz	_____
sala *w.* 3	Raum, Saal	_____
sala de espera *w.* 3	Wartesaal	_____
salado/-a *m./w.* 7	gesalzen, versalzen	_____
saldo *m.* 8	Guthaben, Saldo	_____
salir 3	abfahren, abreisen, auschecken, ausgehen, herauskommen	_____
salmorejo *m.* 7	gazpachoähnliche kalte Suppe aus Brotkrume, Tomaten, Knoblauch, Öl und Essig, hart gekochten Eiern und rohem Schinken	_____
salud *w.* 12	Gesundheit	_____
saludo *m.* 9	Gruß	_____
san, santo/-a *m./w.* 10	heilig	_____
sandía *w.* 7	Wassermelone	_____
sándwich *m.* 6	Sandwich, belegtes Brötchen	_____
sanitario/-a *m./w.* 12	Gesundheits-	_____
se 1, 4	sich, man	_____
secador de pelo *m.* 5	Föhn	_____
secar 5	trocknen	_____
secreto/-a *m./w.* 9	geheim, heimlich	_____
seguir 6	folgen, fortfahren	_____
segundo *m.* 7	zweiter Gang	_____
segundo/-a *m./w.* 5	zweite/r	_____
seguridad *w.* 9	Sicherheit	_____
seguro *m.* 2	Versicherung	_____
seguro/-a *m./w.* 8	sicher	_____

sello *m.* 9	Briefmarke	
semáforo *m.* 6	Ampel	
semana *w.* 10	Woche	
semanal *m./ w.* 10	Wochen-, wöchentlich	
sencillo/-a *m./w.* 10	einfach	
sentarse 12	sich setzen	
sentir 1	fühlen	
señor *m.* 1	Herr ..., mein Herr	
señora *w.* 1	Frau ..., meine Dame	
señores *m./Mz.* 1	Herren, Herrschaften	
señorita *w.* 1	Fräulein	
separado/-a *m./w.* 2	getrennt	
septiembre *m.* 4	September	
ser 1	sein	
serpiente *w.* 12	Schlange	
serranito *m.* 7	Sandwich mit Serrano-Schinken u. a.	
servilleta *w.* 7	Serviette	
servir 5	(be)dienen, servieren	
sesenta 4	sechzig	
seta *w.* 7	Pilz	
setenta 4	siebzig	
si 6	ob, wenn	
sí 2	ja	
siempre 10	immer	
¡Siéntese! 12	Setzen Sie sich!	
siesta *w.* 11	Mittagspause	
siguiente *m./w.* 9	nächste/r	
silla *w.* 5	Stuhl	
sillín *m.* 10	Sitz	
sin 7	ohne	
sitio *m.* 5	Platz	
sobre *m.* 9	Kuvert	
sol *m.* 10	Sonne	
solo 5	nur	
solo/-a *m./w.* 2	alleine	
somnífero *m.* 12	Schlafmittel	
sopa de picadillo *w.* 7	Fleischbrühe mit Beilagen	
su 2	sein/e, ihr/e, Ihr/e	

suceder 12	passieren, geschehen	
suerte *w.* 2	Glück	
suéter *m.* 11	Sweater	
suite *w.* 4	Suite	
Suiza *w.* 2	Schweiz	
suizo/-a *m./w.* 2	schweizerisch, Schweizer/in	
supermercado *m.* 2	Supermarkt	

T

taberna *w.* 6	Gasthaus, Lokal	
tablet *w.* 8	Tablet(computer)	
tacón *m.* 11	Absatz *(Schuhe)*	
talla *w.* 11	Größe *(Kleidung)*	
también 1	auch	
tan 2	so	
tanto 10	so sehr, so viel	
tapa *w.* 6	kleines Häppchen, Deckel	
tardar 6	brauchen *(Zeit)*	
tarde *w.* 1	Nachmittag, Abend	
tarifa *w.* 8	Tarif	
tarjeta *w.* 3	Karte	
tarjeta de crédito *w.* 5	Kreditkarte	
tarjeta de débito *w.* 9	EC-Karte	
tarjeta de teléfono *w.* 8	Telefonkarte	
tarjeta SIM 8	SIM-Karte	
tarjeta turística *w.* 3	Touristenticket	
tarrina *w.* 11	Becher *(z. B. für Joghurt)*	
tarro *m.* 11	Glas *(z. B. für Marmelade)*	
tarta *w.* 7	Kuchen, Torte *(meist mit Obst belegt)*	
tasca *w.* 6	Gasthaus, Lokal	
taxi *m.* 3	Taxi	
taxista *m.* 10	Taxifahrer	
taza *w.* 6	Tasse	
te 2	dich, dir	
té *m.* 6	Tee	
teatro *m.* 6	Theater	
teléfono *m.* 4	Telefon	
televisor *m.* 5	Fernseher	

temporada *w.* 7	Jahreszeit, Saison	
temporada alta *w.* 4	Hauptsaison	
temporada baja *w.* 4	Vor-, Nach- und Nebensaison	
tendero *m.* 11	Lebensmittelgeschäft	
tenedor *m.* 7	Gabel	
tener 2	haben	
tener que 3	müssen	

tensión *w.*
  (- alta / - baja) 12
	Blutdruck (hoher/niedriger
	  Blutdruck)	

terreno *m.* 5	Grundstück	
ti 7	dir, dich (*betontes* *Personalpronomen*)	
tiempo *m.* 5, 10	Zeit, Wetter	
tienda *w.* 2	Geschäft	
tienda de alimentación *w.* 11	Lebensmittelgeschäft	
tienda de campaña *w.* 5	Zelt	
típico/-a *m./w.* 7	typisch	
tisana *w.* 6	Kräutertee	
título *m.* 11	Titel	
toalla *w.* 5	Handtuch	
tobillo *m.* 12	Knöchel	
tocar 11	berühren, spielen *(Musik)*	
todavía 5	noch	
todo/-a *m./w.* 6	alles, ganz	
tomar 6	nehmen, trinken	
tomate *m.* 7	Tomate	
torcer 12	verstauchen	
toro *m.* 10	Stier	
tortilla *w.* 7	Tortilla (*Kartoffelomelette*)	
tostada *w.* 6	Toast, Toastsandwich	
trabajar 2	arbeiten	
tradicional *m./w.* 6	traditionell	
traductor/-a *m./w.* 2	Übersetzer/in	
traer 5	bringen	
tranquilo/-a *m./w.* 5	ruhig	
transbordo *m.* 10	Umsteigen	
tranvía *w.* 3	Straßenbahn	
tratar de usted 1	siezen	

trece 4	dreizehn	_____
treinta 4	dreißig	_____
tren *m.* 1	Zug	_____
tres 3	drei	_____
trescientos/-as *m./w./Mz.* 8	dreihundert	_____
trozo *m.* 11	Stück	_____
trucha *w.* 7	Forelle	_____
tu 1	dein/e	_____
tú 1	du	_____
turco/-a *m./w.* 2	türkisch, Türke/Türkin	_____
turismo *m.* 2	Tourismus	_____
turístico/-a *m./w.* 3	touristisch	_____
Turquía *w.* 2	Türkei	_____
tutearse 1	sich duzen	_____

U

última parada *w.* 10	Endhaltestelle	_____
último/-a *m./w.* 10	letzte/r	_____
un *m.* 1	ein	_____
un placer 1	sehr erfreut, angenehm	_____
una *w.* 1	eine	_____
unión *w.* 8	Union, Vereinigung	_____
uno 4	eins, einer	_____
unos/unas *m./w./Mz.* 6	einige	_____
usar 8	benutzen	_____
usted/ustedes *Ez./Mz.* 1	Sie	_____
utilizar 8	benutzen	_____
uvas *w./Mz.* 11	Trauben	_____

V

¡Vale! 8	*hier:* O.K.!, Gut!, Einverstanden!	_____
¿Vale así? 11	Recht so?	_____
valer 8	gelten, wert sein	_____
válido/-a *m./w.* 9	gültig	_____
vaqueros *m./Mz.* 11	Jeans	_____
vaso *m.* 5	Glas	_____
váter *m.* 5	Toilette	_____

¡Vaya! 10, 11	Fahren Sie!, Gehen Sie!, Ach Mann!	
vegetariano/-a *m./w.* 7	Vegetarier/in	
veinte 4	zwanzig	
veintidós 4	zweiundzwanzig	
veintiuno 4	einundzwanzig	
vender 9	verkaufen	
venir 2	kommen	
ventana *w.* 5	Fenster	
ventanilla *w.* 9	Schalter (*z. B. Bank, Post*)	
ventilador *m.* 5	Ventilator	
ver 1	sehen	
verano *m.* 9	Sommer	
verdad *w.* 2	Wahrheit	
¿Verdad? 2	Nicht wahr?	
verde *m./w.* 10	grün	
verdulería *w.* 11	Gemüsegeschäft	
verdura *w.* 7	Gemüse	
vestido *m.* 11	Kleid	
vez *w.* 10	Mal	
vía *w.* 10	Weg	
viaje *m.* 1	Reise	
viento *m.* 10	Wind	
viernes *m.* 5	Freitag	
vinagre *m.* 7	Essig	
vino *m.* 6	Wein	
vino blanco *m.* 6	Weißwein	
vino rosado *m.* 6	Rosé(wein)	
vino tinto *m.* 6	Rotwein	
visitar 6	besuchen	
vista *w.* 5	Anblick, Ausblick	
visto 12	gesehen	
viuda *w.* 2	Witwe	
viudo *m.* 2	Witwer	
vivir 2	leben, wohnen	
vosotros/-as *m./w.* 6	ihr (*Subjektpronomen*)	
vuelta *w.* (dar la -) 6	Drehung, Runde (umkehren)	

W

wifi *m.* 8	WLAN	_____

Y

y 1	und	_____
ya 9	schon	_____
¡Ya está! 10, 11	Es ist schon soweit!, Das reicht!	_____
yo 1	ich	_____
yogur *m.* 11	Joghurt	_____

Z

zapato *m.* 11	Schuh	_____
zoológico *m.* 10	Zoo	_____
zumo *m.* 6	Saft	_____

Quellenverzeichnis

Cover: © Getty Images/PhotoAlto/James Hardy
S. 4: © Getty Images/iStock/Antagain
S. 7: © Thinkstock/iStock/DMEPhotography
S. 8/9: © Thinkstock/iStock/bluejayphoto
S. 10: © Thinkstock/iStock/JackF
S. 11: © Thinkstock/iStock/Lauradibiase
S. 12: © fotolia/Anton Gvozdikov
S. 13 von oben: © Getty Images/Cultura,
© PantherMedia/jcbprod
S. 14 von oben: © Thinkstock/iStock/anyaberkut,
© Thinkstock/iStock/Ryszard Stelmachowicz
S. 15: © iStock/peepo
S. 16/17: © Thinkstock/iStock/LucVi
S. 18/19: © Thinkstock/iStock/Alex
S. 20: © Thinkstock/iStock/IndigoLT
S. 21 von oben: © Thinkstock/iStock/monkeybusiness-
images, © Thinkstock/iStock/monkeybusinessimages
S. 22 von oben: © Thinkstock/iStock/joyt,
© Thinkstock/iStock/Goodluz
S. 23: © www.cartomedia-karlsruhe.de
S. 24/25: © Thinkstock/iStock/sorincolac
S. 26/27: © Thinkstock/iStock/on chica parada
S. 28: © Thinkstock/iStock/AlbertoLoyo
S. 29 von oben: © Guido Meier, © fotolia/Gerhard Reus
S. 30: © iStockphoto/jasantiso
S. 31: © Getty Images/E+/andresr
S. 32/33: © Thinkstock/iStock/LucVi
S. 34/35: © Thinkstock/iStock/Lukasz Janyst
S. 36: © PantherMedia/Sarnade (Ingeborg Knol)
S. 37 von links: © iStock/hatman12, © iStock/slava296
S. 38: © fotolia/Frankwalker.de
S. 39: © Thinkstock/iStock/rilueda
S. 40/41: © Thinkstock/iStock/Alex
S. 42/43: © Thinkstock/iStock/SeanPavonePhoto
S. 44: © Guido Meier, München
S. 45 von oben: © iStock/leewalton,
© iStockphoto/vanbeets
S. 46 von oben: © Thinkstock/iStock/Freeartist,
© Thinkstock/iStock/itsajoop
S. 47: © Thinkstock/iStock/DisobeyArt
S. 48: © Thinkstock/iStock/croreja
S. 49: © Thinkstock/iStock/jacoblund
S. 50: © Thinkstock/iStock/Grosescu Alberto Mihai

S. 51: © Thinkstock/iStock/oneinchpunch
S. 52: © Guido Meier, München
S. 53 von oben: © Thinkstock/iStock/flyfloor,
© Guido Meier, München
S. 54 von oben: © fotolia/carballo
© Thinkstock/iStock/jarcosa
S. 57: © Thinkstock/iStock/etorres69
S. 58: © Getty Images/iStock/pkazmierczak
S. 59: © Thinkstock/iStock/LUNAMARINA
S. 60/61: © Thinkstock/iStock/JackF
S. 62: © Guido Meier
S. 63 von oben: © iStockphoto/ene;
© fotolia/Monkey Business
S. 64 von oben: © Thinkstock/iStock/photooiasson,
© iStockphoto/Marlee90
S. 65: © Thinkstock/iStock/AntonioGuillem
S. 66: © Thinkstock/iStock/Sergdid
S. 67: © Thinkstock/iStock/Merlas
S. 68: © Thinkstock/iStock/abbelito
S. 69: © Thinkstock/iStock/Poike
S. 70: © Thinkstock/iStock/santypan
S. 71 von links: © Thinkstock/iStock/SolisImages,
© iStockphoto/airportrait
S. 72 von links: © fotolia/David Hughes,
© Thinkstock/iStock/rglinsky
S. 73: links oben © fotolia/Onkelchen; links unten
© fotolia/Jose Hernaiz; rechts © fotolia/sbego
S. 74: © Thinkstock/iStock/lavendertime
S. 75: © Thinkstock/iStock/utah778
S. 76: © Thinkstock/iStock/venemama
S. 77: © Thinkstock/iStock/Jovanmandic
S. 78: © Thinkstock/iStock/Jovanmandic
S. 79 von oben: © Guido Meier,
© Thinkstock/iStock/puhhha
S. 80: © iStockphoto/Ingenui
S. 81: oben von links © fotolia/DOMINIQUE MARIOTTI,
© Getty Images/E+/Imgorthand; unten von links
© Thinkstock/iStock/bernardbodo, © Getty Images/
E+/stock_colors, © Thinkstock/iStock/bbsferrari
S. 82/83: © Getty Images/iStock/BreatheFitness
S. 84/85: © Getty Images/DigitalVision/Morsa Images
S. 86: © Guido Meier
S. 87 von oben: © fotolia/xahara, © Guido Meier

Inhalt des MP3-Downloads zum Buch:
© 2019 Hueber Verlag GmbH & Co. KG, München, Deutschland – Alle Urheber- und Leistungsschutzrechte vorbehalten.
Sprecher: Carlos Aparicio, Neus Carbó, Covadonga Jiménez, Enrique Ugarte
Produktion: Tonstudio Langer, 85375 Neufahrn, Deutschland

Notizen

Notizen

Notizen

Jetzt geht es rund!

Ein Handgriff – eine Lösung: Die *Hueber Wheels* sind das ideale Sprachtraining für unterwegs oder zwischendurch. Einfach die mittlere Scheibe drehen – schon werden die unregelmäßigen Verben, die wichtigsten Redewendungen oder die falschen Freunde angezeigt. Ideal für Sie zum Mitnehmen und Lernen unterwegs!

Wheels Spanisch
Durchmesser 19 cm, vierfarbig, aus Plastik

Unregelmäßige Verben
ISBN 978-3-19-419546-2

Redewendungen
ISBN 978-3-19-429546-9

¿Ser o Estar?
ISBN 978-3-19-439546-6

Präpositionen
ISBN 978-3-19-469546-7

Falsche Freunde
ISBN 978-3-19-409546-5

www.hueber.de/spanisch-lernen

Hueber